揭秘中国财富

马化腾

看似无章法　处处踩先机

启 文　编著

山东画报出版社

图书在版编目（CIP）数据

马化腾：看似无章法　处处踩先机 / 启文编著 . --
济南：山东画报出版社，2020.5
（揭秘中国财富）
ISBN 978-7-5474-3513-7

Ⅰ . ①马… Ⅱ . ①启… Ⅲ . ①马化腾－生平事迹②网
络公司－企业管理－经验－中国 Ⅳ . ① K825.38
② F279.244.4

中国版本图书馆 CIP 数据核字（2020）第 079481 号

马化腾：看似无章法　处处踩先机
MA HUATENG: KANSI WU ZHANGFA CHUCHU CAI XIANJI
（揭秘中国财富）
（JIEMI ZHONGGUO CAIFU）
启　文 编著

责任编辑　张雅婷
装帧设计　青蓝工作室

主管单位　山东出版传媒股份有限公司
出版发行　山东画报出版社
　　　社　　　址　济南市市中区英雄山路 189 号 B 座　邮编 250002
　　　电　　　话　总编室（0531）82098472
　　　　　　　　　市场部（0531）82098479　82098476（传真）
　　　网　　　址　http://www.hbcbs.com.cn
　　　电子信箱　hbcb@sdpress.com.cn
印　　刷　北京一鑫印务有限责任公司
规　　格　870 毫米 × 1220 毫米　1/32
　　　　　　6 印张　152 千字
版　　次　2020 年 5 月第 1 版
印　　次　2020 年 5 月第 1 次印刷
书　　号　ISBN 978-7-5474-3513-7
定　　价　178.80 元（全 6 册）

前　言

　　马化腾生于广东汕头，是腾讯公司的主要创办人之一。有人说"他是叱咤风云的QQ帮主"。有人说"他是实用派的策划者，大胆创业的铺路者和探索者"。也有人说"他是大学生的榜样，是青年人一直热捧的领导人物"。

　　从即时通信到门户网站、网络游戏、电子商务和搜索引擎等领域，马化腾带领他的团队不声不响地缔造了一个行业传奇，这让我们惊叹、感慨，也让我们疑惑：马化腾的成功靠什么？一个曾经差点把QQ卖掉的人，又是怎样崛起的？在遭受众多互联网大鳄围攻时，他又是怎样应对的？……

　　在腾讯内部，马化腾被员工亲切地称为"小马哥"。他看似羞涩，其实内心激情澎湃，有着必胜的雄心壮志，带领团队迈过一道道坎：融资难、竞争大、互联网泡沫、金融危机。他看似谨小慎微，却每一次都敢于主动出击，抓住互联网的机会。他顺势而为，在中国互联网的发展大潮带动下，不断提升，不断扩展，成就了商业奇迹。

　　他看似不善言辞，却对世界经济和互联网技术趋势洞若观火。腾讯推出产品的决策正是基于马化腾对行业趋势的正确判断。他善于处理矛盾，驾驭着中国最稳定的互联网团队。他从不独断，但能最后一锤定音；他从不独揽大权，但一直推动着腾讯的各项变革。

　　本书真实地记录了马化腾的创业、经营与管理思想的精华言论，完整地展现了马化腾的创业信念、创新理念、管理思想、技术法则、竞争策略、资本运作等，全方位、多角度再现了马化腾是如何打造出他的"互联网帝国"的。同时还梳理了他在创业过程中所遭遇的种种难题或挫折，并通过他的应对策略深入剖析其经验启示，值得我们仔细阅读，反复品味。

　　毋庸置疑，在企业经营、产品开发、团队建设、选拔人才等诸多方面，马化腾都有自己的一套看法和做法，对此，本书全面、详细地对其进行了阐释和剖析。希望你在阅读完此书后，理念得到更新，思想得到升华，境界得到提升。

目　录

第一章
培养创业精神，积累成功因子

任何一个人只要专注在一个领域5年，就可以成为专家，10年就可以成为权威，15年就可以成为世界顶尖。

务实，踏实做事不张扬

　　我们在创业之前和之后都会阅读很多的文章，特别是来自美国硅谷的文章。我们也看到不少译者翻译了很多美国硅谷当时创业的书，都非常励志，而且我们也非常向往。但因为中国的环境，确实觉得这个还很遥远。

　　我们想第一步还是要生存。你出去怎么办？下一个月的工资和房租怎么解决？你一年内的收入来自哪里？那时候没有风险投资，也没有说靠一个概念大家会抢着投钱，根本没有这个环境，而且是比较务实和比较低调地做事情。长期以来，我们都是坚持这个风格。

　　不能指望说要做 10 亿或多少亿，如果我们当初这样想早就死了。这会左右你每一步动作，接下来你会发现很多细小的事情都不做了，看到服务器有问题也不紧张，老想着 10 亿、100 亿怎么搞，那就完了。事情都是一点点、细致地做出来的。

　　一定把目标放到最低，过完这关再说。大多数人都面临各种小坎，只要埋头过完自己的坎，剩下的自然会有人分担，到时候你就跑到别人前面去了。不用怕别人多厉害，做好自己、和自己比就行了。

另外，首先看你做的事对不对、有没有用户价值，只要事情做对了，成本就不会太高。其次，多考虑产品能不能更好用一点，慢慢用户自然会体会到你的心意。只要有价值、不放弃，就肯定有回报。

我们的好产品全都是这样琢磨出来的。腾讯的成功最初是运气，后面就是跟整个团队一场场硬仗打出来的。

——摘自马化腾在 Techcrunch 北京大会的专访

深入透析

腾讯从未想过会成就一个现在这样规模的帝国，用马化腾的话来说："从没想过一定要开公司当老板，我们几个同学只是想有个机会去发挥所长，最好有点儿小回报，仅此而已。""只是感觉可以在寻呼与网络两大资源中找到空间，所有的判断是来自自己5 年来的网龄和职业经验。"

1998 年 11 月，马化腾和几个同学成立了自己的软件公司，当时公司很小，主营业务是为其他公司做软件外包。当时跟他很熟的丁磊在做邮箱系统，之后也卖了很多版本，马化腾说："我也做过邮件，也给寻呼台做过互动系统，比如短信查邮件什么的，即时通信是其中一个项目。"

由于一直保持务实、低调的做事风格，与其他的互联网大佬相比，马化腾是一个另类。他基本不主动做杂志的封面人物，更不用说上娱乐节目或者做主持人了。有关他的个人采访很少，关于他的故事更多的是据说和传言。

成名之后，马化腾依旧很少接受媒体采访，即便是接受采访，更多的也是公司行为，诸如最开始的 QQ 与美国 ICQ 的关系，之后的域名风波和换标，再后来是 QQ 换标……上市之后因为公司股价的需要，马化腾的曝光率高了一些，但多是例行公事而已。

2004 年，盛大 CEO 陈天桥风头正劲，大规模收购了国内外数十家公司。相比自己老板的默默无闻，腾讯很多员工私下里有些怨言："你看人家陈天桥，出手多快，我们的 Pony（马化腾的英文名）却一直闷着头，一点魄力都没有。"

不过，这些小情绪在 2007 年初迅速消失。当时，中国几大互联网内容服务巨头公布了 2006 年财报，但表现都不尽如人意；唯独腾讯公布的全年业绩引人侧目：财报中全年利润 10.6 亿元人民币，比 2005 年劲升 1.19 倍。

"看人不能看一时，而是看结果。Pony 虽然低调，但正是其背后的稳健、不冒进才能得到这样的数字。"加入腾讯游戏部 5 年的员工高峰说。

马化腾对自己的评价是："我们开发人员、软件人员都这样，比较内向，比较喜欢做产品。对懂的东西，我可能说得多点；其他的事，我就不太知道怎么说。"除了性格因素，马化腾自称不高调最主要的理由是"没有这个需要"。他认为，多数网络公司要靠宣传让中国移动这样的企业用户重视自己，但腾讯直接面对的是最终消费者，因此品牌必须建立在产品和服务上。

当然，现在的马化腾在公司一步步壮大后，有时候不得不出席各种会议和论坛。作为中国最大的互联网企业，他需要经常出现在镁光灯下。但是，他依旧不张扬，不高调。

能量辐射

什么叫务实？知人知己，知世知时，不求名利，不怕苦难，守信不欺人，守诚不欺心，自己解决自己的问题，这便是务实。

延伸到企业中，"不好高骛远，不见异思迁"的务实企业能够认真做好自己的事情，专注于自己的工作和产品，脚踏实地地创造业绩。

由于真假之间势不两立、水火不容，求真本身也是"证伪"的过程。"务"是操作，是实干，是让美好愿望得以实现的一砖一石。正如人用两脚走路，迈出的每一步都不能落空，空了就会重心倾斜。

每个人的务实精神都差一点，累积起来就形成了企业之间效益的巨大差距；每个企业再差一点点，累积起来就形成了国家之间生产力的巨大差距。现在国内企业和国外知名企业之间的巨大差距，不正是由于我们每个人一点点的差距所造成的吗？

金融危机中，世界500强中的很多企业表现得不堪一击，但为什么高盛集团依然能够稳步前行？高盛集团董事长兼首席执行官劳尔德·贝兰克梵的观点是："要发展业务，我们必须放眼未来；而经营业务，我们则需着眼于现在。"换言之，就是在于求真务实。

可以说，如果一家企业缺乏务实的作风，员工缺乏务实的态度，与其他企业竞争时，这家企业就会时时处处感到功力不足：正因为不够务实，正因为不能静下心来踏踏实实做事业，才会出现工作效率低下，才会出现管理绩效上的巨大差距，才会使企业成为不堪一击的短命王朝。当然，我们不能把企业失败全都归因于缺乏务实，但缺乏务实至少是造成这一结果的主要原因之一。

与国内企业和员工形成对比的则是国外的一些优秀企业和员工。比如在德国企业中，无论是高层的管理者，还是最基层的员工，他们都致力于自己的本职工作，兢兢业业、踏踏实实地做事。他们不仅要完成工作，在完成工作之后还要自行检查，每一个细节都要仔细核对，决不放松。正是凭借这样的务实作风，德国企业才创造出众多世界一流的产品，将日耳曼民族特有的严谨务实的工作态度和思维习惯推向世界。

从这个角度来讲，中国企业要想提高自己的竞争力，要想逐渐缩小与世界知名企业之间的差距，尽快实现自己走向世界的梦想，就必须教育员工克服浮躁的心态，养成务实的工作态度和做事习惯，并在这个过程中努力实现企业和员工的共同成长。

另一方面，对个人来讲，务实是成就一切事业的基石。无论从事什么行业、什么职业，必须拿出踏踏实实、兢兢业业的态度，努力做好自己的本职工作，并据此不断地锻炼、提高自己的能力，积累宝贵的经验。只有这样，才能使自己成为企业所需要的人才，使自身不断得到发展并最终收获成功。

专注，做自己擅长的事

最初有几家有实力的企业都在做与我们类似的事，可只有我们一家公司专注于做即时通信服务，专注使我们技术上有了积累。

其他公司多采用外包形式开发，不是自己去做，只用合同约束，用户接触的只是一个客户端的软件。这个软件工作量其实并不大，到一定规模肯定不行，当时几家公司在用户达到 1000 左右就不行了。我们与他们不同，在后端做的工作更多，难度也更大。

——摘自马化腾《让 QQ 动起来》

深入透析

"他是一个专注的人"，几乎所有了解马化腾的人都会用"专注"这个词来评价他。身处深圳，大把的新机会往往来得快去得也快，而且很多新鲜事物仅仅停留在概念层面，这使得马化腾并没有十足的信心去尝试。

在三五个月热点便会轮流转的互联网界，腾讯十几年都在做而且只做完善和规范 QQ 服务的工作，是国内唯一专注从事网络即时通信的公司，腾讯的成功并非偶然。

在当选 2004 年"CCTV 中国十大年度经济人物"之一发表获奖感言时，马化腾说了一句自勉的话："荣誉是暂时的，我们还要坚持一贯的作风——专注、务实，在今后继续尽心尽力地为网民提供更加完善的服务。"

马化腾认为，腾讯的产品质量是保证腾讯成功的一个重要原因，而保证产品质量的方法很简单：专注地做自己擅长的事情。在他看来，专注并不代表硬着头皮撞南墙，"在前进的过程中，发现机会就要立刻把握它，要有敏锐的市场感觉，这种变化给过我们压力，却也是我们成功的契机"。

在腾讯内部，构思一个项目往往很早，比如电子商务，但往往要搁置一两年后才正式推出。因为资源有限，一段时间只能专注在一个业务上，业务要排优先级。

即使当前腾讯在互联网业务上全已是面开花，马化腾也认为自己并没有分散精力："从表面上看，大家觉得腾讯现在什么都在做。实际上，我们一切都是围绕着以 QQ 为基础形成的社区和平台在发展的。"马化腾的意思很清楚，腾讯一定是专注于 QQ 的，他希望"专注做自己擅长的事情"能够继续腾讯的辉煌。

"专注做自己擅长的事情"，现在已经成为腾讯企业文化的一部分，马化腾的认真和专注更成了腾讯人最可信赖和依靠的支柱。

能量辐射

歌德曾这样劝诫他的学生："一个人不能骑两匹马，骑上这匹，就要丢掉那匹。聪明人会把凡是分散精力的要求置之度外，只专心致志地去学一门，学一门就要把它学好。"当一个人能够一心一意去做一件事时，成功才会向他伸出双手。

在 2006 年之前，低调的张茵对于大众而言，还是一张很陌生的面孔。一夜间，"胡润富豪榜"将这位中国女首富推出水面；在美国《财富》杂志"2007 年最具影响力的商业女性 50 强"中，她又被称为"全球最富有的白手起家的女富豪"。这个颇具传奇色彩的商界女强人，瞬间成为公众关注的焦点。

张茵出生于东北，走出校门后，做过工厂的会计，后在深圳信托公司的一个合资企业里做过财务工作。1985 年，她曾有过当时看来绝好的机遇：分配住房，年薪 50 万港币……然而，张茵选择了只身携带 3 万元前往香港创业，在香港的一家贸易公司做包装纸业务。

一直指导张茵的财富法则就是做事专注而坚定，看准商机就下手，全心全意去做事。对于中国四大发明之一的传统行业——造纸业，张茵情有独钟，倾注了很多心血：从中国香港到美国，再到中国香港，继而把战场转向家乡、扩大到全世界，她的足迹随着纸浆的流动遍布全球。

最初入行的张茵以"品质第一"为本，坚决不往纸浆里掺水，她因这一点触犯了同行的利益而吃尽了苦头，她曾接到黑社会的恐吓电话，也曾被合伙人欺骗。但从未退缩的张茵凭借豪爽与公道逐渐赢得了同行的信任，废纸商贩都愿意把废纸卖给她，尽管她的粤语说得不好，但是诚信之下，沟通不是问题。

6年时间很快过去，赶上香港经济蓬勃发展时期的张茵不但站稳了脚跟，而且在完成资本积累的同时，把目光投向了美国市场。因为有了在香港积累的丰富创业实践经验和一定的资本，加上美国银行的支持，1990年起，张茵的中南控股（造纸原料公司）成为美国最大的造纸原料出口商。美国中南有限公司先后在美建起了7家打包厂和运输企业，其业务遍及美国、欧亚各地，在美国各行各业的出口货柜中数量排名第一。

成为美国废纸回收大王后，独具慧眼的张茵有了新的想法：做中国的废纸回收大王！1995年，玖龙纸业在广东东莞投建。12年后，玖龙纸业产能已近700万吨，成为一家市值300多亿港元的国际化上市公司。

所谓"精诚所至，金石为开"，做事业很大程度上就是要专注下去。管理大师博恩·崔西说，任何一个人只要专注在一个领域5年，就可以成为专家，10年就可以成为权威，15年就可以成为世界顶尖。有时候，创业者令人钦佩的专注精神，往往能够创造让人们为之惊叹的奇迹。

努力，成功创业靠自己

1998年我刚刚创立腾讯的时候，互联网产业在中国正处在蓬勃发展初期。当时网民才300万，不到现在的零头，现在（2009年）已经超过3亿，是那时的100倍！那时候的环境还没有这么好，获得风险投资的机会刚刚开始有，但那时候机会也非常小。我们开始也曾面临很大困难，互联网泡沫破灭，资金融资困难，还有投资等问题，这些对我们压力非常大。

那个时候是很难的，我倒羡慕今天很多创业人士，他们比我们那个时候真是容易太多了，然而实际上很多投资者也是冒了很大风险，概率也越来越低。做公司要对股东、投资者负责。腾讯经历的最艰难的时刻是2001年风险投资进来的时候，那时候面临下一步融资，那段时间比较难熬。当时行业泡沫嘛，腾讯资金也比较艰难，当时账面上只有100万美元。

创业初期，腾讯也没想过要成什么样。我只是想觉得有机会去做，发挥所长，也有点回报。初期运气占得比较重，至少70%。但是2001年之后主要靠自己，靠对

用户价值的挖掘与尊重。其实创业期间不幸的东西也挺
多的，就是要自己去扛、自己想办法。

——摘自马化腾自述《创业靠自己》

深入透析

20世纪90年代初期，中国的IT产业刚刚起步，技术、理念
和产品大多来自国外。一次偶然的机会，马化腾接触了一个曾经
风靡全世界的即时通信软件——ICQ。它是一款由以色列人开发
的即时聊天工具，当时在国内鲜为人知，在那个电脑尚未普及的
年代，马化腾就已经看到了机会。

马化腾认准了ICQ是个好东西，因为在他看来，ICQ可以做
PC机之间的传呼机。那个时候，手机是富豪的标志，大多数人
用的是BB机（能接收文字信息的机器）。

当时，ICQ忽略了正在悄然崛起的中国，他们没有设计中文
版本，更没把中国大陆市场列在自己的营销策划书中。于是，马
化腾想到搞一个中文的ICQ，并很快叫上几个朋友成立了一个公
司，仿照ICQ搞一个中国的ICQ。

1998年，离开润讯通信的马化腾带着炒股赚来的一笔资金，
和4位同学共同创办了腾讯计算机系统有限公司。那一年互联网
产业在中国正处在蓬勃发展初期，网民仅有300万，不到现在的
零头。

跟其他刚开始创业的互联网公司一样，资金和技术是腾讯最
大的问题。"先是缺资金，资金有了软件又跟不上。"1999年2月，

腾讯开发出 OICQ，即腾讯 "QQ"，它很快受到用户欢迎，注册人数疯长，很短时间内就增加到几万人。人数增加就要不断扩充服务器，而那时一两千元的服务器托管费都让公司不堪重负。

1999 年 11 月，也就是在 QQ 推出的第十个月，注册人数已经超过 100 万，这是马化腾从未想到的。也就是在那个月，腾讯公司的账面上只有 1 万多元了，连工作人员的工资都发不出。

"创业第一年里，我们一直喂不饱那只小企鹅，赚钱模式看不到。那个时候时间好像过得特别快，稍微一眨眼，一个月就过去了，意味着你又要给员工发钱了。"

在这种窘境下，有人建议马化腾把这个小有人气的软件卖掉。但马化腾选择了坚持，说："再好的项目也如同那张暗藏艰险的藏宝图，除了努力，没有人送你去那个地方。"

在腾讯最艰苦的一段时间内，马化腾和他的创业团队在一间简陋的办公室里，夜以继日地干着一些平时根本"不放在眼里"的活儿，为的只是赚到一点点钱，再投入 QQ 这个"无底洞"里。

不久，第一次网络泡沫席卷了整个中国互联网，90 年代末期可以说是腾讯的冬天，因为腾讯打算要出手让贤了。腾讯高层找过中华网、新浪，说可以卖 100 万元，可是，中华网、新浪的高管都拒绝了。

软件卖不掉，用户增长又很快，运营 QQ 所需的投入越来越大，马化腾只好四处去筹钱。找银行，银行说没听说过凭"注册用户数量"可以办抵押贷款的；与国内投资商谈，对方关心的大多是腾讯有多少台电脑和其他固定资产。

1999 年，互联网热已经从美国"烧"到中国，但中国风投市场还没有现在这般火热，像腾讯这样的初创型互联网企业获得风险投资的机会非常小。幸运的是，此时面临生存瓶颈的腾讯迎来了一个机会。

1999 年下半年，首届高交会（高新技术成果交易会）在深圳举行，也将全国乃至全球的投资者吸引到了深圳。在这一届高交会上，马化腾拿着改了 6 个版本、20 多页的商业计划书跑遍高交会馆推销 QQ 和腾讯。

一开始，站在展台前的这个年轻人并未引起太多参会投资机构的关注。回忆起当时的情况，深圳本地一家知名创投企业的投资经理至今还有些惋惜，虽然和马化腾交谈了两次，但因为不熟悉互联网即时工具，QQ 最终未能入选。最后，腾讯引起了 IDG 和盈科数码的重视。

"他们给了腾讯 400 万美元，分别占公司 20% 的股份。QQ 发展到 1 万用户时，这笔钱还没用完。"有了这笔资金，公司买了 20 万兆的 IBM 服务器。"当时放在桌上，心里别提有多美了。"马化腾回忆起当时的情景，还情不自禁地欢喜。

2000 年底，中国移动推出"移动梦网"，实行手机代收费分成，马化腾开始做短信。2001 年底，腾讯实现了 1022 万元人民币的纯利。

2002 年，腾讯净利润 1.44 亿元；2003 年，腾讯净利润 3.38 亿元。2004 年 6 月 16 日，腾讯在香港联合交易所主板上市，马化腾持 14.43% 的股份。

能量辐射

中国著名企业家马云说："对所有创业者来说，永远告诉自己一句话：从创业的第一天起，你每天要面对的是困难和失败，而不是成功。困难不是不能躲避，而是不能让别人替你去扛。"创业的先决条件，不是有多好的项目、多雄厚的资金，而是诸如坚韧、执着、坦然等无与伦比的创业精神。只有拥有了创业精神，才能够突破困难，打开成功的大门。

"经营之神"松下幸之助并不是生活的幸运儿，但是不幸的生活促使他成为一个永远的抗争者。松下电器公司并非是一个一夜之间成功的公司，创业之初，正遭遇第一次世界大战，物价飞涨，而松下幸之助手里的所有资金还不到100日元。公司成立后，最初的产品是插座和灯头，然而产品遇到棘手的销售问题，工厂竟到了无法维持的地步，同事们相继离去，当时的困难可想而知。

但松下幸之助把这一切都看成是创业的必然经历，他相信：坚持下去取得成功，就是对自己最好的报答。功夫不负有心人，当6年后他拿出第一个像样的行车前灯时，生意逐渐有了转机，公司慢慢走出了困境。

然而，走出困境的松下电器公司所面对的并不是一帆风顺的坦途，而是一系列坎坷困窘。1929年经济危机席卷全球，日本电器销量锐减。第二次世界大战使日本经济走向畸形，松下幸之助变得一贫如洗，他所拥有的是高达10亿日元的巨额债务。为抗议公司被定为财阀，松下幸之助不下50次地去美军司令部进行交涉，其中的苦楚自不必言。

在 94 岁高龄时，松下幸之助说："你只要有一颗谦虚和开放的心，你就可以在任何时候从任何人身上学到很多东西。无论是逆境还是顺境，坦然的处世态度往往会使人更加聪明。"他用他的成功向人们表明，一个人只有从心理上、道德上成长起来时，他才可能成就一番事业。

第二章
聪明苦干，撞开成功之门

只有克服畏惧心理，勇敢地面对挑战，相信自己的能力，才能抓住工作中的机遇与挑战，走向成功。

创业需要谨慎，也需要冒险

我们并不希望腾讯把利润放在账面上，我们更加希望把很多利润投入到长远的发展里。因为未来 3 年绝对是中国网民增长非常关键的 3 年，也是非常重要的圈地时间点。这个时候如果过分谨慎、丧失机会的话，对未来长远发展是不利的。

——摘自马化腾接受《市场报》的采访

深入透析

2008 年 11 月 11 日，腾讯迎来了自己的 10 岁生日。11 月 13 日，腾讯发布的财报显示其第三季度总营收达 20.25 亿元人民币。当互联网弥漫着过冬的气氛时，马化腾却似乎并不受困扰。

腾讯能取得如此突出的成绩，得益于马化腾这样的观点："如果在冬天过分谨慎将丧失机会，对未来长远发展不利。"

2008 年，受美国次贷危机和全球性的通胀风险等不确定因素影响，全球性经济衰退迹象初步显现。对此，马化腾认为，全球经济确实面临衰退威胁，而且看不到好转的迹象，但对互联网来说，不同的业务板块影响不一，整体来说，中国的互联网依然保持着强劲的增长势头。

金融危机对创业型互联网公司的冲击最大，马化腾认为："只要企业最终能够活下来，未来几年还有机会再来。"创业型公司一定要抓住瞬间即逝的机会。

一些公司还没倒掉，他就已经开始留意寻找技术平台能与腾讯平台结合的公司。马化腾认为，留意并购机会，此时进行战略布局对于企业后 20 年的行业地位有着至关重要的作用。

当然，腾讯也不是为并购而并购，任何收购行为都是为了进一步拓展对业务发展有帮助的领域。腾讯此前发布的截至 2009 年 3 月 31 日的一季度财报净利润同比增长了 94%，从一年前的 5.42 亿元人民币增加到 10.5 亿元人民币。但马化腾并不打算将钱用来派息，而是计划将其用在拓展事业版图上，"公司一直在进行中小型的并购，确保增值服务供应链的稳定性，收购对象主要是亚洲内容提供商，如手机游戏、网络游戏、韩国的游戏开发商等，交易的规模从数百万至数千万元人民币不等"。

在拓展事业版图的过程中，马化腾保持一贯的慎重。他形象地说，看到机会后，可以先尝试着跨出一个虚步，看看脚下是不是比较稳妥，如果是，再大步走出去。

紧贴市场导向，一直是腾讯业务布局遵循的产业逻辑。但市场是不断变化的，老牌互联网公司要在不断出现的新市场机会和商业模式挑战之下，有选择地将长期、中期和短期业务关联、组合、布局。

"腾讯将积极拥抱未来的机遇与挑战，并正在进入一个新的投资周期。"马化腾在 2010 财年财报发布会上表示，除了持续投资现有业务，腾讯还将在微博、电子商务、搜索及网络安全等一些新的战略领域进行大量资本投入。

能量辐射

弗里德里希·冯·席勒曾经说过："过于谨慎之人将一事无成。"成功需要辛勤的付出，更需要勇气和冒险的精神，在面对工作的时候，畏首畏尾，犹豫不决，过分小心谨慎，患得患失，往往只能选择别人剩下的东西，接受一些没有挑战性的工作，从而丧失成功的机会。只有克服畏惧心理，勇敢地面对挑战，相信自己的能力，才能抓住工作中的机遇与挑战，走向成功。

在现实生活中，很多人获得一些成就之后，即便是很小的成就，就不愿去冒险打破现状了，他们会想：我都有这些收获了，干吗还要去冒险呢？谁知道前面是鲜花还是荆棘呢？可以说，这正是他们成为穷人，而别人能致富的原因。

美国百货业巨子约翰·甘布士就是一个敢于冒险并善于抓住成功机遇的人。有一年，由于经济萧条，不少工厂和商店纷纷倒闭，被迫贱价抛售自己堆积如山的存货，甚至 1 美元可以买到100 双袜子。

那时，约翰·甘布士还是一家织造厂的小技师。他马上把自己的积蓄用于收购低价货物，人们见他这样做，都嘲笑他是个蠢材。

甘布士对别人的嘲笑漠然置之，依旧收购各工厂抛售的货物，并租了一个很大的货仓来存货。他的妻子忧心忡忡地劝告他，不要把别人廉价抛售的东西购入，家里的积蓄有限，如果此举血本无归，那后果将不堪设想。甘布士笑着安慰她道："3个月后，我们就可以靠这些货物发大财。"

十多天后，那些工厂即使贱价抛售货物也找不到买主了，便把所有存货用车运走烧掉，以此稳定市场上的物价。妻子看到别人在焚烧货物，不由得焦急万分，抱怨起甘布士来。对妻子的抱怨，甘布士一言不发。

终于，美国政府采取了紧急行动，稳定了物价，并且大力支持厂商复业。这时，由于焚烧的货物过多，存货欠缺，物价一天天飞涨。甘布士马上把自己库存的大量货物抛售出去，一来赚了一大笔，二来使市场物价得以稳定，不致暴涨。

在他决定抛售货物时，妻子又劝告他暂时不着急把货物出售，因为物价还在一天天飞涨。甘布士平静地说："是抛售的时候了，再拖延一段时间，就会后悔莫及。"果然，甘布士的存货刚刚售完，物价便跌了下来。他的妻子对他的远见和冒险精神钦佩不已。甘布士用赚来的这笔钱开设了5家百货商店。后来，甘布士成了全美举足轻重的商业巨子。

有人觉得，甘布士的成功是偶然的，真正了解他的人却不这么认为。一位和甘布士要好的经济学家评价说："这位希腊人找到了成功的钥匙：敢于冒险是通向成功的正确道路。"还有一位经济学家说："他很擅长到其他人认为一无所获的地方去赚钱。"寥寥数语，道出了甘布士成功的秘密。

其实，穷人与富人的差别就在于观念。富人从骨子里就深信自己生下来不是要做穷人，而是要做富人，他们有强烈的赚钱意识，会想尽一切办法使自己致富，不甘平庸，不怕风险是他们血液里的东西；而穷人过于谨慎，他们认为少用等于多赚，不冒险就是安全的。

比如开一家餐厅，收益率是 100%，投入 2 万，一年就净赚 2 万，对于穷人来说这已经很不错了。穷人即使有钱，也舍不得拿出来，即使终于下定决心投资，也不愿意冒风险，最终还是走不出那一步。穷人最津津乐道的就是鸡生蛋，蛋生鸡，一本万利……但是投注在一只母鸡身上的希望，毕竟是极为有限的。

而富人的出发点是万本万利。同样是开面馆，富人们会想：一家面馆承载的资本只有 2 万，如果有一亿资金，岂不是要开5000 家面馆？要一个一个管理好，大老板得操多少心，累白多少根头发呀！还不如投资宾馆，一个宾馆就足以消化全部的资本，哪怕收益率只有 20%，一年下来也有 2000 万利润。

很多时候，能不能干成事，首先要看你有没有冒险意识。如果总是按部就班地工作，虽然很难出大错，但也绝对不会做出成绩。我们要有"燕雀安知鸿鹄之志"的激情，有解决问题的魄力和方法，有十足的自信，才能有所成就。

开展新业务前要考量自身能力

《21 世纪》：腾讯每次新业务推出的节奏遵循怎样的商业逻辑？

马化腾：其实主要还是看市场和自己的能力的匹配。2001、2002 年的时候，基本上只有无线增值业务是最大的，很单一。其他的都是成本支出，包括我们的 QQ 平台等都是成本。

那个时候我们就要考虑下一个增长点是什么。当时我们已经开始初步做一些，像互联网增值应用，开始尝试向会员收费，但是量很小。

到了 2002、2003 年的时候，网游已经被证明商业模式是可行的，而且还不仅是一个收入、市场的问题，更多的是用户占用的时间是很长的，可能更多的人就不使用即时通信，去转用进入网络游戏的时间。

我们觉得这是一个很大的威胁，也是一个很好的机遇，我们要进入这个领域，否则的话，就是灭顶之灾。

门户其实看得更长远，要有一个长期的发展。门户的投入很大，硬成本是很清楚的，而且回报没那么快。

但当时就是看到除了 SP 业务以外，就是广告收入，就这么两块。但广告收入和网游不一样，只要有投入，肯定会有广告收入能回得来。不像网游，有可能是投入很长时间，过两三年以后，开发一款游戏出来，方向走错了，或者策划走偏了，最后全部没有了。

所以，游戏的偶然性会比较大，但门户只要做肯定有收获，就像种田一样，有耕耘肯定有收获嘛！最多收成差一点，但来年还可以补。

——摘自马化腾《如何从"较好"到"最好"》

深入透析

是否具备成功的条件？能否做成？在开展每一个新业务决策之时，马化腾都要求包括自己在内的相关人员自我反思这样一个问题，如果没把握，宁可不做。

马化腾在把触角伸向新的业务线时很少失败，这与他的商业思想有很大关系。在这方面，马化腾的"三问"哲学起了非常重要的作用。

一问：新领域你是不是擅长？竞争对手常常对利润、对资本感兴趣，却容易忽视客户的真正需求。马化腾凭着对网络市场一种朦胧却又具有预见性的理解，极端专注于技术开发和提升质量。

二问：如果你不做，用户会损失什么吗？做软件工程师的经历使马化腾明白，开发软件的意义就在于实用，而不是创作者的自娱自乐，从用户的角度出发去研究产品，是马化腾成功的秘诀之一。

三问：如果做了，在这个新的项目中自己能保持多大的竞争优势？早先，QQ 只是作为公司的一个副产品存在的，马化腾对 QQ 所蕴含的巨大市场价值并没有足够的认识，当时所采取的策略是"三管齐下"：继续巩固传统网络寻呼系统带来的大量利润；将精力更多集中在改进 QQ 功能和开发新版本上；寻找风险投资的支持。后来的事实证明，马化腾的决策是正确的。

在"三问"哲学的指导下，每一次推出新业务时，马化腾都有自己的商业逻辑，其实更多的时候主要看市场和腾讯自身能力的匹配。

能量辐射

百度是全球最大的中文搜索引擎，在搜索领域有绝对优势，围绕搜索的多元化，基本上没有败笔。如百度贴吧、百度文库等业务，一旦开始，就能迅速上位。

随着大数据时代的到来，2010 年，百度 CEO 李彦宏决定转型移动和云数据领域。对百度来说，这是一项新业务，作为实力最强的中文搜索引擎，百度自身有足够的能力驾驭这一最新业务，唯一的关键是找到有足够的能力负责这一新业务的人选。

李彦宏最初本来想通过收购方式，获得移动领域的技术和社区优势，但随着百度投资的招聘网站——百伯网之类的产品先后失败，李彦宏觉得这一方式并不是最佳的选择。在李彦宏看来，在用户体验和社区服务类产品的开发上，除了曾经打造了百度贴吧的负责人李明远外，没有更好的人能够具备与这一新业务匹配的能力。

李明远在 2004 年以实习生的身份进入百度，作为百度贴吧首任产品经理，他打造了当时最为热门的中文网上社区，使当年百度贴吧的流量，从占百度总流量的 1% 提升到 11%；除此之外，李明远还主导完成了百度知道、百度百科等社区类产品的设计。

虽然李明远并非工程师出身，而是编导专业背景，但是，李彦宏最早重用他，是发现他有营销和产品体验方面的优势。后来李明远在社区领域也业绩卓著，证明了其突出的能力。因此，李彦宏认为，负责百度移动互联网的业务，最好的人选就是李明远。

于是，2010 年 8 月至 2011 年 11 月，李明远开始担任百度 UC Web 北京产品的副总裁，负责设计新的移动互联网 SNS 平台——UC 天堂，并负责管理百度公司多项移动互联网业务。

2012 年，李彦宏开始全面进入移动互联网，任命未满 30 岁的李明远，成为百度重要战略——百度移动云事业部的总经理。现在，李明远的云事业部下有四个部门、一千余名员工。他的团队正在构建百度"云"大平台，向个人和开发者全面开放。

在大数据时代，中国有逾 8 亿的移动互联网用户。面对庞大的信息和数据，如何能够让用户平等便捷地获取信息，是李明远要解决的问题。在李彦宏看来，李明远所带领的云事业部所做的工作，将是一件足以"改变世界"的事。

看准了商机就立即去做

提问：微信在中国这么成功，最主要的原因是什么？三个原因或者两个原因？

马化腾：要尽早做决定。当有一个新的商机出现的时候，你可能也很难判断这个到底重不重要，是试探着做还是交给谁做。当时微信出来的时候，很多团队都想做，但是动作和投入度都不一样，当时我们说有三个团队，最后是两个团队之间都做了，而且产品都是一样，都叫微信。

第二，有问题我们要做决定，内部组织架构要快点干。所以我们在去年 5 月 18 日和今年年初都做了两次变革，去年变得最厉害，包括今年也要调整。随着时代发展、移动互联网的变化，逼着组织架构要变，才能适应后面的发展，这是最重要的。最后一点，产品攻坚期一定要全力上。我们产品决策期成型的时候，最关键那一个月，基本上是两个星期，我们所有公司高层都卷在里面，天天谈到 3 点、5 点，你一用发现有什么问题，立刻改，都是按照小时计算。最关键的时候生死时速确实是这样，这种打法很重要，也是互联网常见的，关键的时

候全部压上去，如果做不到这一点就会输。一开始差一
点，结果就是天渊之别。

　　　　——摘自马化腾在 2013 年中国（深圳）IT 领袖峰会
上的讲话

深入透析

　　腾讯进军门户的举动，开董事会时除马化腾之外其他人都反对，理由是太多人失败了，有风险，而且腾讯本身也缺乏人才储备和相关传统。马化腾说服各位董事和总经理办公室成员的理由很简单：腾讯的核心价值是用户，腾讯必须做一个用户黏性超强的平台，把这些用户尽可能黏住，产生相互关联，因此必须上门户。

　　曾李青在听完马化腾的这段阐述后，用了"很震惊"这样的词汇，这位最早的腾讯创业者兼首席运营官在那一瞬间读到了马化腾身上的霸气和野心。于是，曾李青投了赞成票，最后全票通过上门户。

　　而上马拍拍（腾讯的在线拍卖网站）的故事也几乎如出一辙。最开始腾讯有一个企业级即时通信的部门，不过做了一段时间后发现，这个部门很尴尬，比如他们到一些地产公司和银行去谈合作事宜，发现这些公司的用户都在用 QQ，他们内部沟通本身就是在用 QQ 沟通，不需要什么企业级的即时通信来推动。

　　因此，马化腾和负责运营的曾李青决定停掉这个部门，去做新的项目。当时战略发展规划部门提交了两个方案，方案之一是

人才招聘，方案之二是在线拍卖市场。当时战略发展规划部门给的报告是这样建议的：如果进军人才招聘市场，投入不大，回报很稳定，但市场空间可见；如果进军在线拍卖市场，必须有大的投入，做长期消耗战的准备，只有这样才能赢得市场。

时任腾讯战略发展规划部总经理的王远回忆说，当时其实是建议上人才招聘的。不过，两位老板给出的一致意见是上在线拍卖市场，也就是后来的拍拍。马化腾和曾李青给出的共同理由是：虽然在线拍卖市场意味着腾讯每年要投入数以亿元计的资金，但能增加 QQ 用户的黏度，能更好地产生用户之间的相互关联，所以做拍拍。

这两个故事告诉我们，马化腾只要看准了商机就会立即去做。他不满足于庞大的 QQ 用户群带来的无线收入，不沉醉于虚拟交易服务带来的创新性收入，不沉迷于休闲游戏市场的绝对老大和在大中型游戏市场中攻城略地。

能量辐射

《辞海》对"机会"的注释是"行事的际遇机会"，即机遇。换言之，抓住机遇，就是抓住自己在生活中遇到的机会。许多谚语、成语、哲理都与机遇有关，最常见的比如"机不可失，时不再来""过了这个村，就没有那个店""运至时来，铁树开花""此一时，彼一时"等。

商机就是市场机遇，指商务活动中一种极好的机会，这种机会是有利于企业发展的机会或偶然事件，是企业发展的大好时机和有利条件。它在空间表现上是一种特殊点，有一些特别的表现；在时间上是一种特别时刻；在发展趋势上表现为商务的一个转折点。

引申到商战上，特别是市场争夺中，则更多地表现为竞争对手出现的时间差、空间差，和可供我利用或竞争双方都可以利用的偶然出现的有利因素，从而又派生出商战中常用的"时机""令机""地机""事机""力机"以及由各种有利因素综合而成的机遇。

要想识别和把握商机，首先必须了解其特殊性，即了解商机的特征。通过对现实生活中大量商机案例的考察和理论分析，我们发现商机的特征主要表现在以下几个方面：

一是商机的公开性。任何商机都是客观存在的，这决定了它是公开的，每个企业、每个人都有可能发现它。

二是商机的效用性。商机不是一般的有利条件，而是十分有利的条件。它像一根有力的杠杆，抓住了它，就可以比较容易地担起事业的负荷；失去了它，你也许就会在事业面前束手无策。

三是商机的时效性。俗话说"机不可失，时不再来"，说明机会与时间是紧密相连的。机遇如电光转瞬即逝，抓住了也就抓住了，错过了则只有追悔莫及，枉自痛惜。

四是商机的未知性和不确定性。商机的结果在一定程度上具有不可知性和不确定性，受到事物发展的影响。这种影响来自两个方面：一是形成商机的条件的变化，二是利用商机的努力的程度。

五是商机的难得性。商机是很难碰到的，特别是一些大的商机，更是难以把握。

六是商机的客观性。商机是客观现实的存在，而不是人的主观臆想。

七是商机的偶然性。商机具有一定的偶然性，常会突然出现，使人缺乏思想准备。当然，这种偶然性是必然性的表现，只不过一般人难以预测和把握罢了。

上述商机的内在特征要求创富者们在全面把握这些特征的同时，尽力与实际经营结合起来，果断地抓住商机，在市场竞争中争得一席之地。

把工作变成一项兴趣

《外滩画报》：这次腾讯网站的改版，我了解到，是你亲自操刀一年半的时间修改出来的，甚至包括网站的美工，都由你自己亲自体验完成。而其他处在你这个地位的人，很少像你一样，对具体的业务花这么大的心思。对你来说，你最大的乐趣是不是来自技术？你认为自己是个怎样的管理者？

马化腾：腾讯内部都称我"首席体验官"，我觉得你提的这些都是首席体验官角色的日常功课。站在用户的角度去体验并提升自己的产品，也是这个角色最大的乐趣，我一直很喜欢这样的角色。

——摘自马化腾接受《外滩画报》的采访

深入透析

马化腾称："对我来说，现在 QQ 不是工作，是兴趣。"当工作成为一项兴趣的时候，自然也就少了许多压力，进取之路也就会轻松很多。

其实马化腾最初的创业想法并不复杂，和许多成功人士的最初想法一样——"探索、提升自己的价值"。当时，马化腾靠炒股手中有了百万的资本积累，已经不再需要为生计而奔波，可以把精力和爱好更有目的地转移到自己更热爱的行业上。

马化腾热爱互联网，但当时润迅开发部主管的职位，却与他对互联网的兴趣发生了冲突。作为开发主管，公司要求马化腾的大部分精力和时间必须放在寻呼业务上，而对于马化腾提出关于互联网方面的相关开发，由于当时寻呼业的火爆形势，润迅并不重视。由于职业不能与自己的兴趣互联网关联，作为中国最早的一批网民，已经深刻认识到互联网价值的马化腾开始有了离开润迅和自主创业的想法，但唯一让马化腾感到担心的就是做互联网软件是否有前途。

"丁磊后来的成功为我带来了启发，只要去做，在互联网上没有什么事情是不可能的。" 1998 年 2 月，由于资金紧张，在丁磊将耗时 7 个月写出的网易免费邮箱系统及 163.net 域名以 119 万元的价格卖给了位于广州的飞华网之后，对于摇摆不定的马化腾而言，中国互联网未来的走向无疑开始变得清晰起来：网络必然会成为今后的一种潮流。从现在看来，马化腾当时的决定尽管有着一定的风险性，但无疑是明智的——随着手机的兴起，寻呼业务迅速地走向衰落。

不管是初创业阶段还是公司高速发展时期，马化腾每天都会花大量的时间和精力来体验公司的产品和服务。小米科技 CEO 雷军曾说："世上能有几个人做到脚下踩着百亿财富，半夜了还淡定地坐在电脑旁边安静地研究产品？"

马化腾在企业发展到这么大规模的情况下，仍然盯着产品第一线，关注产品细节，而不是像有一些大企业 CEO 把精力花到飞机和游艇上，他是中国企业家的楷模。创业十几年，他似乎一直对互联网保持着兴趣："我感兴趣的互联网产品，腾讯都做了。哪天如果让我遇到更新的，就想着自己的公司也赶快做一个。"

现在，马化腾每天的互联网生活，包括看资讯、搜索、购物、付款、玩游戏，全部使用自己公司的产品完成，这在某种程度上也成了他创业成就感的来源。

能量辐射

心理学上，兴趣是指一个人力求认识某种事物或爱好某种活动的心理倾向，这种心理倾向是和一定的情感联系着的。"我喜欢做什么？我最擅长什么？"一个人如果能根据自己的兴趣去设定事业的目标，他的积极性将会得到充分发挥，即使在工作中历尽艰辛，也总是兴致勃勃、心情愉悦。

巴菲特六七岁时就对股票产生了兴趣，8 岁便开始阅读有关股票市场方面的书籍。"我心中一直有这样一种遗憾，那就是我没有早一点开始从事股票。"

随着年龄的增长，他对股票市场的痴迷有增无减，开始绘制股票市场价格升降的图表。"我对和数字和金钱相关的任何事情都非常感兴趣。"后来巴菲特把股票市场价格升降的图表和大多数偏离对公司做出基本分析的东西都叫作"小鸡走路的痕迹"。

在 10 岁的时候，巴菲特开始在他父亲的经纪人业务办公室里做些像张贴有价证券的价格和填写有关股票及债券的文件等工作。

11 岁时，巴菲特开始小规模地购买股票：他以每股 38 美元的价格，购买了 3 股受欢迎的城市服务股票，当时，这就是他的资本净值。小巴菲特还说服他的姐姐多丽丝和他一起投资。

在接受《福布斯》杂志采访时，巴菲特说："11 岁时我就对股票非常感兴趣，那时，我在哈里斯·尤浦汉姆公司打工，负责在木板上做标记，我父亲是那里的股票经纪人。我负责全面工作，从股市行情提示到制图资料，所有的一切。当做完这一切后，我就拿起格雷厄姆的《证券分析》来读，阅读这本书就好像是在茫茫黑夜看到了来自远处的灯光。"

兴趣在哪里，成功就在哪里。巴菲特对于投资领域的兴趣是常人难以想象的，也正是这股热情让他在年少时期就打下了深厚的投资功底，以至于对后来的投资事业乐此不疲。对同样因兴趣而对互联网行业有极大热情的马化腾来说，他的成功也不是偶然。

第三章
经营自己，做事必先做人

企业家的真正财富并不是货币积累，
而是企业家精神！

建立企业家精神

记者：目前 QQ 对你来说意味着什么？是一种工作，还是一种事业？你目前的工作状态是怎样的？

马化腾：已经不再是一种工作了，对我来讲是种爱好，而且是生活的一部分。我上班晚、下班晚，晚上在家里上网，算一半工作，一半自己的时间。

记者：现在的你对财富是怎么看的？从什么时候你开始意识到自己是有钱人？

马化腾：我没觉得自己特别有钱。都是普通家庭出来的，这么多年我们家的生活习惯也没有大变化，顶多房子大一点。

记者：如果现在作评价，今天的成功有多少跟这个时代赋予的机遇有关系？

马化腾：我觉得机遇很重要，我们也不觉得自己特别聪明。有团队、有公司的股份结构和投资者的合理搭配，这是很重要的。更重要的是时代的因素，很多机遇是外界赋予的，这方面我们自己觉得很幸运。

——2008 年马化腾接受采访时的讲话

深入透析

为人处世低调、性格内敛的马化腾，在 2008 年 10 月 30 日发布的福布斯中国富豪榜中以 107.4 亿元排名第九。而在 2012 年 10 月 12 日，在《福布斯》发布的 2012 年福布斯中国富豪榜单中，马化腾以 403.2 亿元位列第四，2013 年以 405.1 亿元位列新财富 500 中富人榜第四。

拥有如此巨大的财富，难免不被外界提及。谈及与日俱增的名气，马化腾一如既往地低调："我是在普通家庭中长大的，没什么特殊的。我和家人的生活习惯都没有什么变化，潮州人习惯喝粥，现在也一样，住的房子顶多是大了一点。还有，创业的时候是单身，现在成家了，有了小孩，要多分配些时间照顾家里。除此之外，对我的生活基本没有什么影响。"

面对巨大的个人财富，马化腾则说："我没有关心过股价、股票，每天股价涨涨跌跌，我觉得它没什么变化。"而面对今天的成功，他将之更多地归功于时代给予，更加感谢腾讯团队、公司的股份结构和投资者。

更多的时间里，马化腾把自己"藏"在那个精心布置的办公室里。他不用经常出现在员工面前，公司的许多重要事务也都是由总裁或者首席运营官出面。他很少阅读管理方面的书籍，他甚至仍然学不会沉下脸，批评做错事情的员工，也许一个更加规范和职业化的腾讯根本就不需要他来做这些事情。

马化腾一如既往地低调，他觉得自己"不可能有资格说大话"。创业的艰辛已经远去，财富没有改变马化腾的工作方式，他仍会"晚上如果不上一下网，再看一看人数、服务器，老觉得漏了什么东西"；财富没有改变马化腾的个性，他不活跃也不外向："我的朋友，或是同学或是网友，遇到了，交往多了，也就固定下来。我是不擅长主动结交的。"

财富也没有改变马化腾的生活习惯，马化腾多次表示："对衣服没有什么偏好，如果没有正式活动，我都喜欢穿一些 T 恤之类休闲一点的衣服。"至于名牌，马化腾更是没有太多的概念，好在有夫人的指点，小马哥才有了一些基本认识。

财富总会带来一些压力，马化腾最多的消遣方式就是和同事们去 K 歌，偶尔也会去打打乒乓球。至于上网，除了腾讯的网站，门户的科技频道是马化腾经常去的地方。国内几个著名的 IT 论坛他仍然会去泡，偶尔来了兴致，他还会去国外几个专业的 IM 技术网站交流交流。

能量辐射

企业家真正的财富是什么？

企业家的真正财富并不是货币积累，而是企业家精神！

洛克菲勒自小生活贫寒，甚至捡过破烂，后来靠石油投资立业致富。鼎盛时期，他的财富曾经达到美国国民财富的 1/47；20 世纪初美国经济大萧条时期，联邦政府曾经向他借过钱。

可他并没有因巨富而改变自己的平民生活本色：在出差与旅行中，他总是选择坐飞机的经济舱、住一般旅馆，而他的儿子则选择了坐头等舱、住豪华旅馆。这种反差让人奇怪，有人问他这是为什么，他的回答是："因为他的父亲是个富人，而我的父亲是个穷人。"

企业家的真正财富，绝不是表面的金钱化的货币积累，而是由其信念、道德、品质、态度、方法及其实践共同形成的内在企业家精神！正是凭借自己的企业家精神，很多企业家尽管出身贫寒，可能受正规教育也不多，创业资本多数有限，但他们善于识别机会、敢于实践、大胆挑战、百折不挠、不断提升，从而成就了日后的事业，创造了财富，也赢得了财富。

对于刚刚开始创业的人来说，一定要了解企业家的真正财富是企业家精神，否则会犯大错误。由于对企业家真正财富认知的错位，一些人普遍忽视了企业家财富背后的宝藏——企业家精神。

放眼世界，无论是从事传统产业的洛克菲勒、福特，还是从事现代产业的比尔·盖茨、乔布斯……企业家精神都是他们成为顶级国际企业家的核心支柱。

重"利"，也重"义"

　　都说腾讯现在成了互联网行业最赚钱的企业，自然其"利"可观；而腾讯在很大程度上又改变了人们的沟通方式，又是一种"大义"。

　　但不管怎样，做企业不能只以赚钱为目的，在"利"的基础上要更加注重企业的"义"，这样才能成为一个受人尊重的企业。

——摘自《第一财经日报》

深入透析

　　腾讯之"利"可观，之"义"曾遭网友质疑，他们认为腾讯收费项目过多，有些收费不尽合理。马化腾回应说，腾讯改变了人们的沟通方式，这要算一种"大义"，他自己就收到过通过 QQ 找到伴侣的喜糖，何况收费不是强制性的，而是摆出来可供选择的，"如果免费服务也做成收费，那市场肯定就不答应"。

　　如今面对甚嚣尘上的微信收费的问题，腾讯及时站出来辟谣，并坚决表示：微信不会收费。

儒家有一种思想叫"义以生利"，意思是说行义也能产生利。这就要求企业在自身发展的同时，也要勇于承担社会责任，积德行善，多行义举，积极参与社会公益事业，报效国家，回馈社会。

这些行为虽不能为企业带来直接的利润，反而还需要企业付出一定的额外费用，但从长远来看，能使企业在社会公众心目中树立起良好的形象，极大地提高企业的知名度和美誉度，为企业发展创造一个和谐的外部环境，这反过来又使企业受益匪浅，实现企业利益与社会责任的良性互动。

得民心者得天下，眼里只有"利"而没有"义"的企业终究会得不偿失，自食苦果。

能量辐射

逝世已 60 多年的印度圣雄甘地，在 20 世纪提出毁灭人类的"七宗罪"，其中一宗就是"没有道德的商业"。

对于商业伦理的缺失的现状，曾任 IBM（中国）全球企业咨询部运营战略首席顾问的白立新曾说，企业家在天堂门口的时候，上帝不问你的企业有多大，他会问你做大企业的过程中有过多少伤天害理的事；上帝不问你的企业有多强，他会问你做强之后是否善待客户员工和伙伴；上帝不问你的企业有多久，他会问你长久时间里，消耗了多少石油、天然气、煤炭、淡水、新鲜空气等不可再生的资源！

企业盈利与否本来与道德无关，但企业以什么样的方式盈利或亏损，则不得不考虑是否有违道德。《史蒂夫·乔布斯传》中介绍苹果营销哲学这一段里，作者描述乔布斯时强调："你永远不要怀着赚钱的目的去创办一家公司，你的目标应该是做出让自己深信不疑的产品，并创办一家生命力很强的公司。"

《世界经理人》杂志曾针对1500余名企业经理人做了一项调查，其中，近八成的受访者认为，企业之所以失败，就是因为商业道德的丧失。除此之外，认为"急功近利，没有长远发展目标"和"价值观缺失"造成企业失败的受访者也分别达到74.1%和62%。

"近些年来，在资本、利润的驱动压力下，中国企业越来越浮躁，越来越重视规模、利润，却忽略了道德和法律的约束，因此导致与之相关的各种社会问题层出不穷。"中国社科院经济学和企业社会责任研究中心钟宏武教授对《第一财经日报》表示。

顺丰董事长王卫在谈到为何不想上市时就曾表示，他做企业，是想让企业长期地发展，让一批人得到有尊严的生活。如果上市，环境发生改变，就要为股民负责，要保证股票不断上涨，企业存在的唯一目的就是利润。这样企业将变得很浮躁，和当今社会一样的浮躁。

"在利益诉求和坚守道德的衡量中，企业应着眼长远，平衡近期利益与长远利益、经济利益与社会利益，这需要管理者的全面考量。"厦门大学企业社会责任与企业文化研究中心首席研究员李伟阳认为。

为了鼓励企业自主地提高道德建设水平，西方一些政府的管制措施尤其具有针对性和差异性。例如，政府对经营道德上出现问题的企业在执行罚金上有不同措施：原本应处以罚金4000美元的事件，如果被罚企业已经建立了内部道德管理制度，则罚金为标准的0.05倍；如果企业没有建立相应的伦理管理制度，则罚金为标准的4倍。

企业伦理的外部制度建设同样可以从伦理标准的引导、伦理监督、伦理奖惩等多个角度进行。在加拿大等国，政府不仅有完善的法规在某种程度上强制企业遵守一定的伦理规范，还设有专门负责监督的伦理官员。

复旦大学管理学院教授苏勇认为，以先秦儒家"见利思义"的义利观为主要代表的中国传统商业经营思想，或许对我们今天构建现代商业伦理体系、矫正企业经营伦理和企业家的义利观有着重要的借鉴作用。企业道德思想取决于决策者的道德素养，正如亚当·斯密《道德情操论》里所言，企业家要有"道德的血液"。

成功要以价值为标尺

> 财富其实并没有一个固定的含义，它取决于你对它
> 的态度。我更注重的是我能借助财富做成什么样的事情。
> 我个人的理解，成功应该是以给社会带来的多大价值为
> 标准。
>
> ——摘自马化腾《财富的价值在于把事做成》

深入透析

腾讯创始人、董事局主席兼首席执行官马化腾的慈善故事入围 2010 年《竞争力》杂志第三期封面文章《财富榜中榜》，并被冠以"慈善纽带"之名。文章指出，从一开始，马化腾的慈善事业就有一条明确的线路图：从小做起，从心做起。在马化腾看来，财富的意义不是让自己活得更特殊，而是投身公益活动，并将事情做成。马化腾认为，如果要给成功加上一个判断的标准，应该以给社会带来的价值为标尺来衡量。

马化腾和香港首富李嘉诚一样，都是潮汕人。他们之间有一个共同点，那就是在做慈善方面不遗余力。很长一段时间，李嘉

诚逢人便说，他有了第三个儿子。这"第三个儿子"就是李嘉诚基金会。而马化腾唯一高调的地方就在做慈善上，每次有关慈善的活动，都能看到他的身影。马化腾曾邀请壹基金发起人李连杰访问腾讯，他们就公益慈善事业的可持续发展计划进行了深入的探讨。

曾有人让李嘉诚简单地概括一下自己的人生，李嘉诚的回答是"建立自我，追求忘我"。这八个字在同为潮汕人的马化腾心中分量也很重，至少其低调做人、高调做事的作风与李嘉诚的"建立自我，追求忘我"是一致的。

马化腾在 2009 福布斯中国慈善排行榜上排名第 39 位，而且是 2009 "影响中华公益的 60 位慈善家"之一。比起其他的互联网大佬，低调做人、高调做事的马化腾更值得推崇，因为其具备更广泛的社会价值和公众效益，这也是值得人们学习的。

能量辐射

做企业离不开社会和广大客户的支持，在发展企业自身业务的同时，也不要忘记担负企业身上的责任，要用实际行动去帮助和回馈社会。

2020 年初，新冠肺炎疫情爆发。2 月 7 日，腾讯宣布设立 15 亿元"抗击新型冠状病毒感染肺炎疫情综合保障基金"（以下简称"战疫基金"）。这是腾讯在设立首期 3 亿元疫情防控基金、2 亿元战疫开发者公益联盟资金池后，再次追加 10 亿元基金，为抗击疫情助力。这 15 亿元战疫基金将分别用在物资支援、技术支援、人员关怀、科研与医疗事业等领域。其中，3亿采购紧缺物资，救前线燃眉之急；2亿资金池支援战疫技术开发者；3亿专项基金，致敬慰问战疫人物；2亿基金，救助困难患病家庭；5亿后备基金，助力防疫科研及科普。

　　腾讯有爱，马化腾有爱。这种爱不是捐赠单上华丽的数字，也不是捐赠台上骄傲地走过场。而是或许低调，却可以拿出一颗拳拳之心。马化腾一向都是这样的人。

第四章
提升品牌，大回响大影响

　　商业社会中，品牌就是企业的竞争力。打造品牌、提升品牌是一个长期的、艰巨的任务。

提升品牌的价值，这必须做

《外滩画报》：两年前，你找来刘胜义推广腾讯的品牌。对于腾讯的转型，你是从什么时候开始考虑的？是什么事情让你意识到非转型不可？

马化腾：做品牌只是自然而然的水到渠成。目前，腾讯的流量已经成为业界第一，提升品牌的价值，这是腾讯转型必须做的。

——摘自马化腾接受《外滩画报》的采访

深入透析

对很多人来说，腾讯意味着 QQ，QQ 意味着中国网民。

杨阳是最早一批的 QQ 用户之一。1999 年 2 月，腾讯公司正式发布第一款 QQ。那时候的 QQ 还不叫 QQ，而叫 OICQ。

他至今仍记得自己当时走进县城第一家网吧时的情景，"一个小时上网要四五块吧"。蓝色的电脑屏幕上并没有太多图标，懂行的朋友告诉他："你就点开那只企鹅，企鹅最好玩。"

那时候杨阳是一名初二的学生，他身边的同学慢慢地都开始去网吧里上网，都有了自己的 QQ 号。

刚开始，QQ 注册用户年龄大多在 15—30 岁，主要用户是像杨阳一样的 80 后，这让很多人认为腾讯的用户偏低龄化，觉得腾讯的产品是小孩子的玩具，所以不爱用。

马化腾当时曾说："很多人都认为腾讯的用户很低龄化，就像我们的邮箱，我们的邮件发送最快最便捷，但没有人用，很多人觉得后面带着个 qq.com，都不好意思用啊。"

品牌低龄化的问题很早就在腾讯内部被激烈讨论："我们自己内部在 PK，有人说，没戏啦，不要用 QQ 这个名字啦。"

不是没有尝试过推广，"但没有用，自己和自己打都打不了，大家内部都不认。唯一的方法，就是通过踏踏实实的服务，通过实践营销，一步步把这个品牌中性化，把它做好"。做"大门户"的概念，也是马化腾决定提升腾讯品牌价值的策略之一。

"我们的用户群每年都会长大一岁，会慢慢成为社会主流。对于不断成长的这些用户，你要赶紧开发那些能留住他们的服务，一定要留住他们。周围的人用得多了，他就敢用了。用得好了，大家就不会觉得这个很低端。这条路很艰难，但这是唯一正确的路。"

马化腾挥了挥手，态度很坚决。"腾讯正是从做门户网站开始影响主流，我们的用户群每年都会老一岁。而已有的用户，当你的服务做好了，你赶他他也不会走。"

腾讯网一开始就定位于综合门户网站，从而降低其对年轻用户的依赖程度并扩大更高层次的用户规模。

正是从门户网站开始，腾讯通过内在提升用户体验、外在加大广告力度等一系列品牌提升策略，从而让 QQ 的用户逐渐覆盖至全体民众。

能量辐射

"品牌"（brand）一词源于古挪威语，意思是"烙印"，它非常形象地表达出品牌的含义——如何在消费者心中刻下烙印。品牌是一个在消费者生活中，通过认知、体验、信任、感受建立关系，并占得一席之地的消费者感受的总和。

品牌推广是一种名称、术语、标记、符号或设计，或是它们的组合运用，用来辨认其销售者的产品或服务，并使之同竞争对手的产品和服务区别开来。

品牌推广的目标是向购买者长期表达一组特定的属性、利益和服务，而这些信息能够激发消费者的购买欲望，维持消费者对品牌的忠诚。这为企业带来的利益是长期的，并且难以估计。

2004 年 9 月，欧洲最大的电子消费品制造商飞利浦决意改变自己"小家电巨头"的形象，将国人熟知的"让我们做得更好"的广告语变为"精于心、简于形"。飞利浦计划为此举付出 8000 万欧元。

飞利浦总裁兼首席执行官柯慈雷宣布这 8000 万欧元将用于在包括中国、美国、法国在内的全球 7 个重点地区发动一场广告公关营销推广大战，通过对这些地区的广播、电视、平面媒体和网络等全方位的"轰炸"，将新的品牌定位传达给全世界的消费者。

如同许多百年老店一样，飞利浦这家老牌的欧洲跨国电子巨头在盛名之下其实难副，前进的步伐已经开始力不从心：从它的财报上看，飞利浦已经连续 7 个季度出现亏损。

"我们期待通过这个新的品牌定位，改变飞利浦在消费者心目中仅仅是一个消费类电子企业的形象。我们希望消费者能联想起'便利'或者类似的生活方式，确保消费者轻松简便地使用这种技术或享受生活。"飞利浦首席市场官芮安卓如此说。

提升品牌价值所带来的利益是不可估量的，飞利浦用 8000万欧元提升品牌价值，从而实现了华丽的转身。2004 年，飞利浦的品牌价值仅为 35 亿欧元，2006 年已经达到 65 亿欧元。

商业社会中，品牌就是企业的竞争力。打造品牌、提升品牌是一个长期的、艰巨的任务。提升品牌价值，不单单是资金投入的问题，还需要大量精力、时间和创意的投入。企业家若想改变只重短期效应、不重长期效应的短视行为，不仅要有品牌意识，还要在市场营销方面下更大的功夫。

树立品牌影响力

互联网产业在经历了"注意力经济""服务体验经济"后，将进入"影响力经济"时代。同欧美发达国家一样，未来中国的互联网也将更多地与传统行业深度整合，体现互动平台的价值，也会有更多的企业开始在网络中和他们的用户建立健全的品牌关系。

腾讯本身也是这种趋势的倡导者和实践者。目前，已经有很多与人们日常生活息息相关的企业开始尝试利用腾讯的平台与消费者进行线上品牌沟通，"大回响、大影响"的力量将助推产业融合，为社会创造价值。

网络的空间是无穷的，网民的创造力也是无穷的。腾讯愿意与全体用户以凝聚 2.3 亿的个体之力来推动互联网时代的变革进程，以释放 2.3 亿个体的汇聚之力来展现每个网民的个性力量。让我们一起"大回响、大影响"，构筑一个全面汇聚文化观念的互联网和谐社区。让世界回响希望，让生活演绎精彩！

——摘自马化腾《让我们一起感受"大回响、大影响"》

深入透析

在 2007 年之前，在多数人眼里，腾讯的品牌形象模糊不清，没有一个人可以清楚地用一句话来描述什么是腾讯。"这在品牌上是一个很大的问题。"2006 年加入腾讯，负责优化公司及重点产品品牌策略的刘胜义这样评价当时腾讯的品牌。

2007 年腾讯的"大回响、大影响"品牌广告，是腾讯公司历史上第一次大规模投放新品牌广告，"释放 2.3 亿用户之影响力"的广告词中激荡着腾讯对新品牌高度的热情和豪迈。

在 2007 年的除夕之夜，有近 50 万来自世界各地的海外华人同胞通过腾讯平台观看春晚，与国内的亲友在线守岁；"神六"发射的时候，有超过 20 万的网友通过腾讯平台签名祝福；在腾讯举办的"大河之旅"环保活动中。也有 30 万网友参与了倡议保护黄河的网上签名。

刘胜义表示，腾讯品牌战略的升级主要来自网民日渐强大的影响力的推动。他表示，来自腾讯的统计显示，腾讯用户已经成为中国最活跃的网民群体，每个网民都希望借网络表达自己的思想和情感，获得共鸣。作为服务最多中国网民的互联网企业，腾讯所希望提供的就是这样一个为中国网民提供"大回响、大影响"的网络互动平台。

在此背景下，腾讯宣布了"大回响、大影响"的品牌战略，在上海、北京等一线城市大规模投放新的品牌广告。与此同步启动的，则是腾讯借机对即时通信、门户、游戏和个人空间等四大业务的重新整合。

腾讯此举的目的在于整合旗下各个产品线，全面提升在线生活平台，改变外界长期以来对其所持的"低龄化、娱乐化"的品牌印象，并延伸品牌的覆盖。

能量辐射

市场上各类品牌竞争不断，如何使自己的品牌在竞争之中脱颖而出呢？品牌与品牌之间，名牌与名牌之间，仍然有强有弱，有突出、有一般。打造响亮品牌，品牌竞争力就处于强势地位，就是名牌；反之，品牌就处于弱势或劣势，久而久之，就会危及品牌的生命。

响亮品牌的特征不是企业主观臆造的，而是消费者在生活中积累的结果。品牌与消费者有着亲密的关系，这种亲密关系很多时候并不是建立在高技术之上，而是建立在品牌的整合传播上的。在消费者心中留下了清晰、良好并且长久印象的品牌，才是响亮品牌。

响亮品牌的突出特征是准确而有力的品牌定位，以及由定位而塑造的鲜明的品牌个性。明确而有力的品牌定位，是打造响亮品牌的基础。品牌定位是品牌传达给消费者"产品为什么好"以及"产品与竞争对手的不同点"的主要购买理由。这种理由必须直观，易为消费群所理解和接受。

尽管谷歌在美国已是一个家喻户晓的知名品牌，但是仍通过宣传活动打造自身的品牌影响力。谷歌的联合创始人兼 CEO 拉里·佩奇，正带领谷歌大力简化产品和服务，通过对产品品牌的广告宣传，使自身产品更具吸引力，与消费者之间的关系更加紧密。

谷歌的战略与受众紧密相连，通过自身的投入和创意，谷歌向人们传递着富有情感的品牌形象的广告模式。谷歌希望能让用户感受到另一个与众不同的谷歌，而非仅仅将谷歌搜索当作一个有用的工具。因此，尽管谷歌一直是在搜索有效性方面占据主导地位，但谷歌仍然不断提醒人们记住它的使命、它如何给人们的生活带来影响，以及它问世以前人们的生活状态。

2010 年，谷歌通过广告讲述一对坠入爱河的年轻人的故事，首次推出了其广告产品的大规模宣传活动，这则广告在当时产生了很大影响。2011 年，在更加注重全国性的电视广告等媒介中推动品牌宣传活动的同时，谷歌还采取了开展以谷歌为主题的研讨会的方式，宣传其在线广告品牌。

谷歌还为 Chrome 浏览器量身打造了一个广告——"亲爱的索菲"。这则广告记录了一位慈爱的父亲，通过谷歌 Gmail 的便笺、图片存储及视频上传等多媒体功能，记录下女儿索菲成长过程中每一个重要瞬间的故事。很多观众看完这个广告，都被其深深感动，甚至情不自禁地流下眼泪。

通过创新和传播手段，谷歌让其品牌更加响亮，不但提升了品牌价值，还扩大了影响力。但是，打造响亮品牌的手段并不仅有这种形式，要打造品牌影响力，企业可从定位、品质、创新和传播四个路径入手。

1.产品定位：没有品牌的规划和战略定位，企业就会显得很茫然。如同做产品一样，一旦企业在细分市场中找到目标消费群，这个产品不管是奢侈品还是大众产品，都能给自己找到很好的定位。

2. 提高品质：品质的基础是质量，当高质量的好产品给广大消费者带来安心和信任时，消费者才能真正对它产生好感，口碑由此而产生。如果没有好的品质，产品就很难获得消费者的青睐。

3. 产品创新：创新是产品的生命力，不断创新的产品才能充满活力。一旦产品疏于创新，会很容易被市场上同类产品迎头赶上或超越，从而失去市场占有率，渐渐走向没落。

4. 做好传播：品牌只有传播做得好，影响力才能真正产生。传播只有根据市场规律和市场的路径去做，才能提高传播速度，扩大受众面，增加影响力。

多做精品，变数量为质量

  腾讯过去十几年做了大量的产品，基本上业界数过来的产品我们都尝试过了，但是大家觉得精品不太多，主要在平台产品和网游方面。未来我们需要作一个大的转变，从数量到质量，也就是怎么从"腾讯数量"怎么变成"腾讯质量"，不是比用户多、产品数量多，而是希望真正做到质量上有口碑，提到腾讯就是精品。

  如果未来要赢，最关键是看我们是不是能够做出用户真正喜爱的产品，我们在座的同事是不是真正发自内心地喜欢做这件事，这样才有激情、动力去做。这对我们未来产品质量的要求和控制方面都提出了很高的要求。

  ——摘自马化腾在腾讯 2012 年中战略管理大会上的讲话

深入透析

  2012 年 5 月，腾讯公司对组织架构进行了重大调整，面对人员越来越庞大、层级越来越复杂的现状，腾讯究竟该如何走好接下来的路？ 2012 年 9 月 20 日至 21 日，在深圳龙岗召开的 2012

年中战略管理大会给出了明确的答案——"聚焦用户，打造精品"。

"聚焦用户，打造精品"，这是腾讯2012年中战略管理大会的主题，也是腾讯下一步务实发展、稳步前行的可靠路径。会议期间，来自全国各地以及美国、韩国等海外分公司的近130名中、高层管理干部齐聚深圳龙岗，围绕"精品"战略展开讨论。除了产品，组织管理也成为本次会议的重要议题。会议认为，经过组织架构调整后的腾讯，更应该在专业领域精耕细作，打造优质用户平台，不断满足用户的内在需求。

会议期间，马化腾指出，在产品上公司需要转变，从数量到质量，真正做到质量上有口碑，出精品；在管理上，要从粗放式的成长到精细化的发展，更多地把精力放在内部，挖掘人员的潜力。希望管理干部能够齐心协力，聚焦用户，打造精品，并且推动公司管理的转型，打造精兵强将组成的队伍，为用户创造更大的价值。

回顾腾讯的业务状况，腾讯公司首席战略投资官刘炽平总结说，在2012年上半年，腾讯在平台侧和业务侧的表现是令人鼓舞的，但各领域依然存在挑战。在社交、游戏、媒体、安全、无线、电商、搜索、国际等方面，刘炽平给出了不同的改进意见。除了产品方面的改进，刘炽平再次强调深化组织变革的重要性。互联网快速发展导致原有组织架构过时，组织割裂、管理臃肿、产品的提升和激活成为公司迫切需要解决的管理问题。刘炽平认为，公司必须打造一支以用户和产品为中心，并且对自己高要求的团队，这样才能在下一轮残酷的互联网竞争中获得胜利。

能量辐射

"微信团队"这个简单而神秘的名字，像极了美国大片中对敌人造成致命一击的神秘团队。如果说，2003 年以前腾讯只干了即时通信（IM）一件事，从而奠定了腾讯帝国的基础，那么，2011 年以后的辉煌应该属于微信。

2011 年 1 月 21 日，腾讯推出一款通过网络快速发送语音短信、视频、图片和文字，支持多人群聊的手机聊天软件——微信。用户可以通过微信与好友进行形式上更加丰富的类似于短信、彩信等方式的联系。

2011 年 1 月 21 日，微信诞生；2012 年 3 月，微信用户达 1 亿；2012 年 9 月 17 日，微信用户破 2 亿；2013 年 1 月 15 日晚，官方宣布微信用户数过 3 亿。从 2 亿到 3 亿，仅用了不到 4 个月时间……

这样一个撒手锏式的产品，不仅改变了腾讯在人们心中的形象，也让马化腾自己下定了做精品的决心。以往腾讯看见一个新市场领域，就推出一款新产品，现在这种做法已经不适用了。马化腾提到，产品的重点要从"数量"变为"质量"，做出令用户喜爱、令自己感到激动的产品。

"精品战略"的重点是回归本源。马化腾说："我们过去自主或不自主地经常被行业的噪音所误导，有时候头脑发热，做一些现在看起来很傻的事情。"这些很傻的事情包括在早年 SP 时代，包括网游初步试探找不到方向的时候，包括电子商务、搜索、团购等。他指出，腾讯之前"忘记了自身的条件，忘记了我们的根基在什么地方"。现在，腾讯产品战略的变化，可以用一句话概括："有所为，有所不为。"

精品，究竟是什么？腾讯公司 COO 任宇昕用"不精品，毋宁死"这6个字道出了腾讯公司做精品的决心。他说："精品是一种战略，不能为了做精品而做精品；精品是一种生活态度；精品也是人类追求美好生活的本能。"

那怎样才能打造精品？前提是要聚焦用户。腾讯公司 CTO 张志东认为，世界瞬息万变，与腾讯公司创立之初相比，用户对产品的包容度越发严苛，唯有因时而变，明白用户需要什么，确确实实把用户价值放在第一位，才能取得长远的发展。

第五章
不断创新才能可持续发展

　　模仿创新并不是盲目进行的，而是朝着既定目标进行的创造性模仿。

创新不是无中生有

很多创业者往往一上来就陷入创新的误区，结果死于创新。我认为，模仿并不丢人，但模仿有两个基本的要诀——

第一是选择模仿的对象。一定要选择已经被证明成功的有前景的"好东西"，同时要牢记模仿只是手段和工具，模仿的目的是创新和颠覆。但我最反对盲目创新，一定要谋定而后发。被模仿者和模仿者是先发和后发的关系，先发总有预想不到的问题，后发可以研究哪些最适合我们发挥。在学习模仿先行者的基础上，我们要有所取舍地创新。

第二是把握模仿的时机。在进入一个领域的时机把握上，我们一般选择有第二者出现后，即一家开创者加一家跟进者，这表示这个市场即将启动。此时，我们一定要派几个人追踪一下，一旦我们能看清楚，立即让大部队跟进去，超第二，拼第一。尽管这种理念有时会使腾讯贻误更好的战机，但保证了腾讯在战略方向上不会出现大偏差，这对于度过创业期进入发展期的腾讯至关重要，尤其是在变幻莫测的互联网行业。

——摘自马化腾《第三者的颠覆型模仿》

深入透析

新浪网的创始人王志东曾经批评说："马化腾是业内有名的抄袭大王，而且他是明目张胆地、公开地抄。"

王志东的话点明了腾讯公司众多产品有模仿的特性。无论是即时通信工具、门户网站，还是网络游戏，甚至 C2C 电子商务网站拍拍网，马化腾无一例外都是在"抄袭"既有模式。QQ 是抄袭了 ICQ，门户网站是抄袭了搜狐、新浪，网络游戏是抄袭了网易和盛大，拍拍网是抄袭了淘宝和易趣。

但问题显然又不是这么简单的，因为腾讯无论"抄"什么，最后都能青出于蓝，把对手甩在后面。腾讯显然不是光靠抄袭而纵横互联网的。其实，搜狐、新浪等门户网站是抄袭了美国的雅虎，李彦宏的百度是抄袭了美国的 Google，李国庆的当当网是全盘抄袭了美国的亚马逊公司……这样的案例还有很多，究竟应该如何看待这些"抄袭"呢？

中国互联网协会专家郭涛表示，互联网的很多核心技术其实都不在中国，包括支付宝、腾讯、视频技术，等等，都是从国外引进的。实际上有很多被模仿者也是最初的模仿者，大家都模仿了国外的同一商业模式，那么谁的技术更先进，谁的文化移植更易被接受，谁就能取得成功。

腾讯研究院的副院长郑全战说："技术上的成功并不等于商业

上的成功。我们不应该重复发明，而是要在其基础上开发性能更好或者价格更低的东西，或者将现有的发明与其他的技术结合起来，创造更加实用的东西。……在我们身边有很多东西，甚至一些我们平时司空见惯的东西，它们在功能或易用性上有非常大的提升空间。譬如 Apple TV，它竟然可以做得如此小巧精致。"

在某种程度上，这是腾讯对创新的理解。任何创新都是站在前人的肩膀上做出的，创新从来不是无中生有。就像搜索加广告的模式并非谷歌发明的一样，IBM 公司——曾被现代管理之父彼得·德鲁克称为"全球首屈一指的创新模仿家"，它尾随雷明顿·蓝德公司推出了商业大型计算机。不可否认，有了"后知之明"之后，后来者更能避开早期产品的各种缺陷，从而获得更大的利润。事实上，历史上更多时候是创业型公司担当了开拓创新者的角色，因为他们更需要制造一个新的蓝海市场。

郑全战说，研究院经常鼓励员工换一个角度思考问题。"很多时候，我们只是将问题考虑到一个层面，就停止了，认为这个问题就 OK 了，但实际上如果我们再往前走一步，就会有更大的空间。例如，旋风最开始只是研究院的一个客户端软件，日用户量只有几百万。后来转型做下载组件服务，跟公司其他业务合作，现在单日最高服务用户超过了 1 亿。"

马化腾深谙网民需求，OICQ 在设计之初就确定要和通信连接，借鉴了 ICQ 的经验，考虑用户的使用习惯与需求。以实用、够用、反应快为主要出发点，马化腾和合作伙伴考虑了多种相关协议，使得产品的使用性和发展性兼备。马化腾把自己定位成一名挑剔的用户，针对相关产品的"缺陷"下功夫，如 ICQ 只能按照用户提供的信息寻找好友，而 OICQ 就可以通过网上查询直接寻找好友。

马化腾深知，模仿是需要创新的。他不盲目跟风，也不无端创新。他选择的是学习最佳案例，然后超越他们。马化腾的创新理念很早就渗透到 QQ 的诸多产品中，比如离线消息、QQ 群、QQ 表情、移动 QQ、QQ 秀等。产品的创新与技术革新让马化腾获得了庞大的用户群，对稳固整个腾讯体系起到了关键性的作用。

整个互联网的发展模式几乎都是在模仿中创新，腾讯不是唯一。有业内人士表示，大公司以垄断的形式模仿，的确会扼杀中小型互联网企业的创新。但新兴互联网企业的开创，往往也是从模仿大公司开始的。

腾讯在多个应用领域取得成功，并非仅靠模仿。它为什么能让对手感觉到威胁呢？一方面是因为腾讯模仿了其应用；另一方面，腾讯具有稳定的用户，并将程序按照用户体验进行创新，这才是其竞争对手感觉恐慌的根本原因。

腾讯的创新分为三个阶段。1998—2004 年，是学习型创新阶段。比如 QQ 秀，就是学习了韩国 Avatar 的产品理念。2004—2006 年，是整合创新阶段。比如 QQ 游戏，它把联众的休闲游戏模式植入到即时通信产品中。2006 年以后，是战略创新阶段。这个阶段对创新人才的要求非常高，腾讯已经吸引了一批优秀的互联网人才。

腾讯鼓励人人提创意、搞创新，公司很多新产品都源于普通研发人员的灵感。事实上，腾讯公司不仅鼓励员工不断在方式、方法、内容上寻求更好的技术方案，还使用完备的保障机制和激励机制不断激发个人创意，以全面的技术创新、管理创新、经营模式创新，推动公司的不断成长。

能量辐射

创新有多种形式，它不仅仅指开辟一条前人从未走过的道路，也告诉我们，可以站在前人的肩膀上，尝试着走一条别人已经走过的路，并且去走得更好。

牛顿曾说："我之所以能取得如此辉煌的成就，只是因为站在了巨人的肩膀上。"这里固然有牛顿自谦的成分，却也道出了一种创新的途径。我们完全可以向"牛顿式"的创新者学习，为自己设置一个更高的目标，站在这些巨人的肩膀上超越巨人。

当当网联合创始人俞渝毫不讳言对亚马逊这个世界最大、最知名网上书店的模仿和学习，她说："对亚马逊的财务报表，我比一些华尔街的分析师们还要熟悉。我会用当当的指标和它一一作对比，最新的结果是，9项指标中我们只有库存周转率不如它。"她将当当网比作是"学龄前儿童"，而"亚马逊"是已经进入"青春期"了。

俞渝指出："中国古话说得好，三人行必有我师，择其善者而从之。当当不齿于当学生，因为有得学比没得学要好。"相较之下，当当更在意的是"成功"而不是"复制"。俞渝在实施模仿战略时的心得是"要以开阔的心态和眼界去学习，并且在学习中重新建立适合企业本地化生存的新规则""用笨方法，从骨子里学"。这是俞渝认为当当之所以能够将网上购物这样的新事物，在中国成功推动起来的"模仿要义"。

三星电子也是通过对电子巨头索尼进行创造性模仿而一步步成长壮大起来的。2004 年 4 月中旬，三星电子公布了其 2004 财年第一季度营业额及总收入：第一季度销售额为 125 亿美元，营业利润超过 34.8 亿美元。

三星电子第一季度的营业利润，就远远超过索尼 2004 全年 8.13 亿美元的盈利预测。但据此认定三星电子超越了索尼，仍为时尚早。从营业额看，2003 年，三星电子的总收入为 362.8 亿美元，索尼的总收入为 720.81 亿美元，这与三星电子的"超越"战略——2005 年以前使全球销售收入增长两倍，从而一举超过索尼——还有差距。

不过，这并不影响三星电子作为一个"模仿"神话而成为诸多中国企业推崇的对象。对三星和索尼进行类比，按中国的思维方式，是有点"青出于蓝而更胜于蓝"的期待在内。几年前，三星是索尼的模仿者，而现在，许多中国企业则成了三星电子的模仿者。

需要注意的是，模仿创新并不是盲目进行的，而是朝着既定目标进行的创造性模仿。正如国画大师齐白石先生所说："学我者生，似我者死。"如果只是一味地模仿，只能是重复别人的步伐，很难有所突破。模仿创新在最初阶段都要经过一个学习过程，向前人学习其优秀之处，吸取其精髓，在后期就要加入自己的思想和创意，通过独特的创新，从而创造更大的成功。

允许暂时的不完美

有些人一上来就把摊子铺得很大，恨不得面面俱到地布好局；

有些人习惯于追求完美，总要把产品反复打磨得自认为尽善尽美才推出来；

有些人心里很清楚创新的重要性，但又担心失败，或者造成资源的浪费……

这些做法在实践中通常没有太好的结果，因为市场从来不是一个耐心的等待者。在市场竞争中，一个好的产品往往是从不完美开始的。同时，千万不要以为，先进入市场就可以高枕无忧。我相信，在互联网时代，谁也不比谁傻5秒钟。你的对手会很快醒过来，很快赶上来。他们甚至会比你做得更好，你的安全边界随时有可能被他们突破。

我的建议就是"小步快跑，快速迭代"。也许每一次产品的更新都不是完美的，但是如果坚持每天发现、修正一两个小问题，不用很长时间就能把作品打磨出来，自己也就很有产品感觉了。

所以，这里讲创新的灰度，首先就是要为了实现单点突破，允许不完美，但要快速向完美逼近。

——摘自马化腾《致合作伙伴的一封信：何谓腾讯14年磨出的"灰色维度"》

深入透析

十年前，传统 IT 企业如金山或金蝶，其软件开发常以年为单位。年初由产品经理写好一份大需求，各方评估完后启动项目。设计、开发各做几个月后进行提测，之后缓慢迭代。

而互联网企业的生产，则是完全不同的一番景象：一个月一个版本！1—2 周的时间做界面设计，并且大部分进度是与开发重合的。产品经理（如果有的话）根据用户反馈和竞争对手的情况做需求，界面设计和开发同步进行，测试时间更短。

相较之下，一个月一个版本，更能抓住用户需求的变化，有更大机会在不断开火中瞄准，也有更多机会尝试创新。没有所谓一步到位的划时代的创新，任何一个创新都是建立在已经存在的事物上而渐进发生。

QQ 截图功能就是这样演进的。

首先提出的问题是，既然 QQ 已具备传送图片的功能，为什么不做个截图功能，作为图片来源直接发送给好友呢？

第一个版本的截图只是简单的截屏，发送给好友。在之后的版本中，渐进地在截图功能中加入了标记、文字说明等功能。现在，截图这个看似和即时通信软件不相关的功能，已成了 QQ 的重要特性之一，甚至是某些用户坚持登录 QQ 的基本动力。

在腾讯，渐进式创新的案例数不胜数，维持快速迭代的渐进式创新，是腾讯产品持续成功的重要因素之一。

在这个时代，提及创新就绕不开苹果。iPhone 是如何出现的？看 iPod 的演化史，你会发现每一个 iPod 版本的进化：屏幕更大了，机身更纤薄了，性能和容量变化了，可以声控了……这些渐进式优化一步步发生，终于有一天，当研发 iPad 的工程师把多点触摸技术也准备好后，乔布斯一拍大腿说："为什么不做个手机呢？"

即便是乔布斯，也并没有在一开始就决定要创造苹果手机，他也是在经过多番周折，进行了一系列铺垫工作之后，才渐入佳境，提出了这一划时代的创意。

能量辐射

"要死也要死得快，早死早超生！"这是雷军做投资时常说的话。他投资的第一个互联网企业是乐讯，经一个朋友介绍，雷军认识其掌舵人朱建武。

在了解到朱建武的企业现在面临经营困难，亟须资金这一情况之后，雷军说："移动互联网是未来的发展趋势，你们做得不错，我可以考虑投资，但是不会一次性投很多钱。"

接着，他又跟朱建武解释说："我先投你 200 万元人民币。如果这个方向做不下去了——我是说如果，我继续投资你 200 万元。原因很简单，因为我不可能一直看着你，创业失败是很正常的事情。第一次试，方向不合适，没有关系，早死早超生，我们接着来。我一次性给你 2000 万元人民币，想死也死不掉，但是200 万元要死要活 6 个月就见分晓，分晓完了从头再来。天下武功，唯快不破，要死也要死得快！"

在雷军看来，"快"就是互联网创业的利器。一旦速度跟不上，就会面临解决不完的问题。在刚刚开始做小米手机的时候，雷军对于小米发展速度的设想还是很保守的，但是后来有一件事让他改变了这个想法。

Zynga 是一家发展非常快的互联网公司。从 2007 年 6 月由马克·平卡斯等 6 人创办以来，仅仅一年多的时间，这家公司的月度活跃用户就已经超过 2 亿。在 2011 年末上市时，这家公司的市值已经达到 60 亿美元，而同样的社交网站 Facebook 足足用了5 年时间才突破月度活跃用户 2 亿的数字。显然，Zynga 走过的路要比 Facebook 平坦很多。

互联网是一个快速发展的行业，每天都有新的事物产生，用户需求变化非常快，竞争也很激烈，一旦速度跟不上，就会被淘汰。另外，企业在快速发展的时候，风险往往是最小的，也会掩盖很多问题。

于是，雷军决定加快小米的发展步伐，试图将开发周期控制在 3—6 个月，快速的开发容易跟上整个市场的节奏，从而能够节约成本。

为了让小米手机迅速占领市场，雷军在小米的定价上下了很大的决心，一锤定音：1999 元面市，用最高的配置和最低的价格造成巨大的反差，快速打动消费者，赢得一定的市场份额。听到反对的声音，雷军说："产品一出就要能秒杀对手，这样才有意义！从来没有人看到小李飞刀是怎么飞出去的，因为见到的人都死了！"只有在获得一定的用户之后，整个互联网商业模式才能运转。雷军知道，能不能打赢这一战，速度是关键。

在产品试用过程中，小米团队始终坚持在第一线和"米粉"交流，以最快的速度获取新的建议，尽快进行改进。雷军觉得，传统行业是 5×8，互联网是 7×24。互联网行业和其他行业不一样，所有的人都是 24 小时的，要在最快的时间里解决好问题。于是，在 MIUI 的开发过程中，小米团队一直紧盯着论坛看有没有新的建议或者问题反馈。这个过程一般要花掉两天时间，要接待 100 多位用户，接着，再花两天时间开发，两天时间测试，争取在周末将新的成果发布出来。这样一来，MIUI 一直可以坚持每周迭代。

随着小米手机的渐渐走红，一系列配套产品也相继推出。最有意思的要数"米兔"——一款戴着雷锋帽、系着红领巾的很可爱的玩具。这款产品在小米网站属于最畅销的产品之一。

这个产品其实也是雷军"快"理念的一个体现。雷军开玩笑地说："它叫雷锋兔。你们知道为什么这么叫吗？因为它是雷军做的手机品牌。那为什么叫兔子呢？因为天下武功，唯快不破，我们强调快，兔子是跑得最快的。"

一言以蔽之，精简流程，能够促进企业不断向上发展；优化效率，才能稳中求胜，始终保持竞争优势。

舍得投入才能推陈出新

《21世纪》：在国内的互联网公司，腾讯是唯一一家成立了独立研究院的。腾讯研究院成立的背景和它的使命是什么？

马化腾：我们研究院有很大一部分是从事基础性的研究。比如说视频、语音的编解码和传输，要用在我们的视频、游戏里面，这些很难由一个产品部门独立研发出来。我们过去很多（基础技术研发）都是业务部门自己做，做完之后发现不好，浪费精力，难以长期维持。因此，必须有一个基础的研发部门去承担这个基础工作。

另外是一些应用的研发，不是专门研究一些用不着的，老是埋在底层的（技术）。大家看到我们比较多的一些长远的、PC上的软件，语音、下载、输入法、浏览器，等等，这些产品都是在我们研究院和创新部门开发的。

一些高难度工作，如果研发团队没有实力去做，就会找研究院去开发最核心的部分，包括在播放器、搜索、电子商务技术等方面，研究院都会先孵化出一些东西来。

——摘自马化腾接受《21世纪》的采访

深入透析

腾讯是一家注重研发的企业。腾讯研究院不仅是第一家由中国互联网企业自主建立的研究机构，其成立也被认为是腾讯技术创新战略的又一次重大选择。

没有研究院时，虽然每个腾讯团队多少都有些研究性质，但一旦实际任务紧张起来，团队重心就会放到当前产品上，研究随之中断。此外，业务的飞速发展也使腾讯后台程序上的很多东西缺乏统一规范，连统一的数据挖掘接口都没有。这些无疑都是长远发展的阻碍。

在此背景下成立的腾讯研究院合并了原来的创新中心，职责在于储备长期竞争力。它没有盈利压力，能做很多代表未来趋势但短期未必有产出的项目。在产品开发方面，只做平台产品和技术要求较高且需要不断深化技术的产品。这里也是向腾讯各业务部门输送人才的基地。

直到现在，郑全战仍坚持对招入研究院的每一个人进行面试，并做详细记录。所有进入研究院的新人需要学习的第一课就是继承腾讯最重要的文化——对用户体验的贴身观察。

目前，腾讯研究院设有基础研究室、无线中心和桌面产品中心三个平行的业务单元。其中基础研究室偏重于技术研究，主要涉及智能计算、中文处理、多媒体、网络、数据分析等五个方面。

研究院中数据分析研究室的任务是汇集各个部门的用户数

据，统一运营和分析，其成立后的首个项目是将 QQ 用户分群。通过数据挖掘，用户被分为铁杆用户、年轻且正在成长的用户和潮人用户等群体，然后针对不同群体进行不同服务的推送。年轻用户可能不太了解腾讯业务，系统会有选择地推荐一些能让其熟悉腾讯产品体系的产品和功能；对于潮人用户，腾讯会把一些新奇功能率先推送给他们使用，以获得反馈。

研究院中的无线中心和桌面产品中心则偏重产品开发，代表腾讯的中长期产品布局，腾讯的手机浏览器和手机输入法等都诞生于这里。早在三年前，腾讯就认为，如同电脑桌面上 QQ 企鹅形象的快捷方式有一个爆发性增长，客户端产品对中国用户来说更有价值。而且，现在针对个人电脑进行的客户端产品研究，随着手机的发展，今后也很容易扩展到无线上。

腾讯是中国互联网企业中研发投入较高的企业，2009 年研发投入 11.9 亿元，接近百度研发投入的 3 倍，超过网易研发投入近 5 倍。2005—2010 年，腾讯的年平均研发密度（研发投入／销售额）达到 10.3%，这在中国企业中是不多见的。持续的研发投入换来腾讯主营业务的不断升级，可适应终端不断丰富，在线产品不断推陈出新。

郑全战相信，今后整个行业的应用将会发生极大的变化。这个判断是腾讯研究院无线领域各项业务的出发点。以手机浏览器为例，其着眼的是未来市场，现在搭建的平台是为两年后可能出现的内容做准备。

腾讯的手机浏览器发布于 2009 年，但在此之前，腾讯研究院已研究了两年的手机浏览器关键技术。2008 年，UCWEB 的迅速崛起和 3G 的临近，让研究院决定迅速进军这个市场。这个时候，之前的技术储备发挥了重要作用，腾讯的手机浏览器 beta 版在此决定做出的半年后就得以发布。据介绍，其市场份额在半年后即已超过 Opera，跃居中国手机浏览器市场第二位。

未来，腾讯将把个人电脑和无线上网的产品打通。比如，电脑上使用的腾讯输入法词库将来可以同步到手机上。

郑全战对未来无线发展的期许并不仅限于此。在使用智能手机时，"数码达人"觉得很糟糕的是要下载很多软件，然后一个个设置好，以后还要不断更新，非常麻烦。"我希望对于那些我觉得好的服务能不用下载，一下子就在云服务中推送过来了，这会很方便。"郑全战说。

这引发了腾讯在无线领域的另一个布局。郑全战理想中的未来是，当带宽在几年后变得比较便宜时，腾讯会自动为用户推送他所喜欢的服务，这些服务都基于云模式。但挑战在于，QQ 同时在线人数数量庞大，未来如果真要采用网络推送的方式，腾讯需要庞大的云计算能力。目前，研究院已经联合公司其他部门一起在研究和搭建这样的技术平台，准备等待时机成熟就迅速推向市场。

此外，腾讯将一次性投入 1500 万元用于与清华大学共同建立"清华大学（计算机系）—腾讯互联网创新技术联合实验室"，对此腾讯首席执行官马化腾表示："未来联合实验室将承担更多的国家创新课题，构建互联网的未来，让互联网的内容更加丰富，操作更加便捷，信息更加安全，使互联网信息逐渐走向大众。"

目前，从事研发和产品相关工作的员工已经占腾讯员工总数的 75% 以上。腾讯管理层明确表示，只要是对用户有益的探索，不管处于何种成熟度，都会鼓励和支持。

能量辐射

华为虽然以向全世界出售网络设备而闻名，但华为更重视的是研发，而不是硬件制造。华为总裁任正非始终坚持创新和研发，他认为没有创新可能是最危险的。因此，在技术上的不断研发和创新，一直是任正非重要的管理策略。

华为一向重视研发投入，近年来也一直在扩大研发支出。一直以来，科技领先使华为成为世界少数几家能够提供 CACO8-STP 数字程控交换机设备的巨头之一，而且在移动智能网、STP、移动关口局、GPRS 等核心网络方面形成领先的优势。

在技术研发方面，华为创业之初就以国际先进水平为目标，力求领先于世界。他们立足于当代计算机与集成电路的高新技术，大胆创新，取得了一系列突破。每年投入销售额 10% 的资金用于科研开发，装备大量精良的开发设备和测试仪器，并与国内外一些著名大学、研究开发机构和重点实验室建立了长期、广泛的合作与交流。

2012 年，华为将 47 亿美元，约占公司总收入 13% 的资金，专门用于产品研发。在欧洲，一些电信运营商认为，欧洲设备供应商未来几年都很难跟上华为的研发投资，因而选择华为作为其先进设备来源公司。

正如任正非所说，"创新是华为发展的不竭动力"。而执着进

行研发投入的结果就是，2009 年 1 月 27 日，世界知识产权组织
（WIPO）在其网站上公布 2008 年全球专利申请情况时表示："第
一次，一家中国公司名列 2008 年 PCT（全球《专利合作条约》）
申请量榜首。"

2013 年上半年，华为的增长速度超过了瑞典的爱立信和法国
的阿尔卡特朗讯等强劲的西方竞争对手，这一成就与华为的研发
投入是分不开的。

第六章
全线出击，提升竞争力

做全业务，不代表会很冒进地把现在的主营业务丢掉，而且更要依靠已有的收入来支持试验。

渠道强势时代迟早要过去

今天我演讲的问题是"互联网问题8条论纲",大家会以为是在模仿马丁·路德宗教改革时提出的95条论纲。之所以用这样的名头,其实是想提醒各位,应该说中国互联网实际上处于一个变革前夜,我们非常荣幸见证这么一个历程。

本来,我们也准备写95条,由于时间不允许,只有15分钟,所以,我就把它缩短为8条。第一条就是讲互联网即将走出其历史的一个"三峡时代",激情会更多,力量会更大。

互联网发展时间其实很短,是一个新鲜的事物。任何一个新鲜工具出现的时候总会引起社会的惊讶,以及很多关注,并且风靡一时。这个过程就好像长江三峡一样一路险滩,在未来这个阶段过去之后,我们感觉到新鲜感逐渐丧失了。但是,它推动了社会结构的重塑,以及创新的力量将会排山倒海般到来。这个转折点的一个标志就是每一个公民都能够熟练使用互联网这个工具。

第二点我想讲客户端不再重要,产业上游价值将重新崛起。回顾过去，很多人认为腾讯成功就是因为有了一个 QQ 客户端软件，我们能够非常便捷接触到用户，手中有很多用户，推什么产品都可以成功。这实际上是一个渠道，我们能够轻易通过这个渠道去接触到用户。但是在未来我们感觉到这个趋势，或者说这种情况将不再存在。

那么这个和我们传统行业存在很多相似之处。比如过去家电行业里面，渠道非常强，一台电视机厂家大部分的利润都给中间渠道盘剥掉了，很多厂商是给非常强的渠道打工，比如给国美、苏宁打工。这个产业发展过程，渠道强势过程在很多行业里面都出现，不管电力、铁路，还是自来水，无一例外。

但是我们想强调在互联网中，这个渠道强势时代迟早要过去。简单地说，价值链在互联网产业链中正在往上游转移。也就是说，如果未来人们只依靠你的客户端，那这个企业将会步入一个重大危机。

——摘自马化腾 2010 中国企业领袖年会主题演讲《关于互联网未来的 8 条论纲》

深入透析

一个朋友在他的微博上这样写道："MSN 上 300 多个好友，只有 5 个人在线。"微软公司于 2013 年 3 月 15 日正式关闭即时通信服务 MSN。除中国大陆地区之外的全球用户将被转至 Skype。

MSN 最初是微软在 1995 年 8 月 24 日成立的因特网服务提供商，随 Windows95 一起发布。2005 年，刚刚走出大学校园的宋杰和他的同事们成为中国头一批 MSN 用户。宋杰回忆说："工作以后，我发现公司内中方、外方的领导和同事用的都是 MSN，它几乎成了员工必用的办公软件。"

2005 年 5 月，微软宣布和上海联和投资有限公司共同成立合资公司，由此将 MSN 正式带入中国，并实现了门户网站与即时通信工具的融合。但在 2012 年底，宋杰所在的外贸企业不得不中断了在 MSN 客户群上的业务联系，改为传统的电子邮件及电话模式。

"除了目前硕果仅存的企业用户，MSN 在中国的个人用户中早已失势。"飞象网 CEO 项立刚说。从风靡一时到偃旗息鼓，MSN 在中国只七八年的光景就落得这步田地，一个有着微软这个亲爹的"富二代"，也不能避免被关闭的命运。

它的关闭表明，渠道已经不再重要，内容才是王道，这足以证明马化腾的远见。马化腾在 2010 年底的演说《关于互联网未来的 8 条论纲》中说过，渠道不再占有优势，稀缺性的内容将最终获胜。

国内互联网每年在流行的东西，分类信息、视频、Facebook、微博等拥有的渠道优势并不能带来长久的增值，反倒是游戏、彩铃、图片下载等非媒体模式应用拯救了数大门户网站。但同时，一旦发现有更好的、获取更新内容的渠道，网友会马上切换到新的地方，流量下降是随时的事。所以，占据渠道，不如通过创意内容来互动传播。媒体作为开放平台的优势在于能吸引更多的优质"内容"制造者来参与，比如开心网为留住用户不断增加新的应用，新浪微博为扩展用户不断引导新的"活动""插件"。

外界一直对腾讯有一个误解，说腾讯的核心价值就是有 QQ，有渠道。其实，马化腾在很早之前就意识到这是不可持续的。事实上，腾讯很早就开始全力打造产业链的价值源头，不断努力为广大用户提供更优秀的产品和服务。

能量辐射

菲利普·科特勒是一位现代营销的集大成者，他见证了世界经济几十年的起伏坎坷、衰落跌宕、繁荣兴旺的历史，也培养了一代又一代美国大型公司的企业家。科特勒到访中国与企业交流时，说过这样一番话："产品质量低劣的坏影响很多，甚至可以把行业拖垮，导致公众信心崩溃。在中国迅猛发展的电子商务行业中，企业的诚信问题尤为显著，甚至可以说，企业诚信和信用问题是制约电子商务持续发展的瓶颈。"事实上，产品质量问题、企业诚信和信用问题不仅是制约电子商务行业的瓶颈，而是制约所有行业、所有企业的一大瓶颈。

对于企业来说，要想取得预期的收益，必须建立过硬的产品质量。如果没有值得信赖的品质，一切都会成为空谈。一个质量不过关的产品，可以蒙骗顾客于一时，却不可能蒙骗所有顾客于长远。一个不被顾客看好、不被顾客信任的产品，是没法在市场中立足的。所以说，产品品质才是最基础的制胜法宝。

有的企业会说，我们有抓产品质量啊，我们把确保质量写进了企业战略，写进了企业制度，写进了广告宣传，打出了宣传口号……实际一点地说，这些都是流于形式、泛于表面的。产品质量不是说出来的，更不是吹出来的，关键是要坚持不懈地把质量安全贯彻到企业运营的全程，用实际行动，踏踏实实生产出高质量的产品。而且，产品质量的好坏，并不是由企业自己说了算的，而是由消费者用购买行为来投票的，消费者对产品质量的好坏有自己的判断，并由此决定是否购买该产品。所以，企业要想生产出高质量的产品，说不如干，关键是要深入质量管理的核心，一步一个脚印，把质量作为企业生存发展的头等大事，把质量作为企业运营的源头和基础。

占据源头，才能获得发展

截杀渠道仅仅是一个"刺客"，占据源头者才是"革命者"。互联网可以减少所有渠道的中间损耗，大大减低从产品到用户消费者的途径。我们看到很多产业，你只是把渠道截杀掉，把传统的渠道抢过来，好像你就获得了一个暂时的利益，但实际上你并没有根本性地改变整个格局。

那么，从过去来说，互联网大幅度拉低交易成本，冲击传统产业链的渠道，这看起来很厉害，但你回头一看，很多被传统替代，或者代替传统产业的公司非常尴尬。比如当当网取代了大量实体书店，但最终并未获得大量的盈利。

还有曾经非常大的一个传统行业——分类广告，现在走到互联网上之后并没有把它原来那块产值挪到互联网公司上面去，而是给扁平化掉的，消化掉了。

我们可以得出这样一个结论：互联网将不再作为一个独立的产业而存在，它将融入传统产业之中。在互联网的作用下，产业链的上游将会变得越来越重要。也就是说，你拥有什么样的产品和服务是最重要的，而不是你拥有什么样的一个渠道。

——摘自马化腾 2010 中国企业领袖年会主题演讲
《关于互联网未来的 8 条论纲》

深入透析

腾讯从第一天开始就思考如何结合传统行业，QQ 是传统通信领域和互联网的结合。QQ 诞生的时候，它的中文名字就是网络寻呼机。

马化腾曾经提到，当时的想法很简单，就是通过网页下一个寻呼的信息到 Call 机上，也包括 E-mail 到达以后，寻呼机可以提醒。短信普及以后，它具备了双向互动，也就是可上行发消息到互联网，那个时候就诞生了移动 QQ。

马化腾在 2009 年经济危机后认为，随着新技术、新业务的快速发展，IT 产业开始广泛渗透到社会各个行业、各个领域。特别是在经济领域，IT 产业加速向传统产业渗透，产业边界日益交融，新型商务模式和服务经济加速兴起。

马化腾认为，受金融危机影响，越来越多的中小企业开始使用交易成本低廉、交易渠道广泛的第三方电子商务平台，这使电子商务渗透率迅速上升，应用范围不断扩大，服务领域不断扩展。电子商务在促进企业创新经营模式、提升核心竞争力等方面，作用日益显现。

事实证明，马化腾的判断是正确的，腾讯的许多规划正是基于此而做出的。

财新传媒是由胡舒立带领《财经》杂志核心团队出走后于2009 年 12 月创办的。2012 年 7 月 19 日，财新传媒在其官方微博中如此公告："财新完成了最新一轮新股融资，欢迎腾讯加入成为股东之一，而浙报控股亦保持原有持股比例不变。腾讯不参与财新传媒的日常运营，财新传媒未来仍会坚守独立专业的采编方针，为广大受众带来高质量的财经新闻和资讯。"

"腾讯入股财新，是公司的战略投资。"腾讯投资者关系部助理总经理、新闻发言人叶帼贞表示，"财新拥有专业的采编和经营团队，以及高质量原创财经新闻能力，而腾讯多年来积累了运营中国网民 UV 访问量最高的门户网站和领先社交媒体的经验，双方将会在多方面展开战略合作，把高质量的财经新闻推送给更广泛的读者群体。"

腾讯入股财新的目的在于从中吸取平面媒体的内容优势，从而加强自身网络媒体的内容质量及深度，进而获得更广泛受众，尤其是高端受众的认可。

能量辐射

近年来，在互联网浪潮的冲击下，电商、旅游、出版、教育和医疗等传统行业都面临着巨大的危机和挑战。2013 年，在百度联盟峰会上，百度 CEO 李彦宏通过对比和分析中美传统行业的发展称："公立机构占主流的行业，都太没有竞争力了，都是互联网行业可以在其中发展的领域。"

比如，2012 年 2 月 10 日，曾经是世界上最大的胶片生产商——柯达公司宣告破产。柯达公司是胶卷时代的王者，占据着全球市场份额的 2/3，在其最鼎盛的发展时期员工超过 14.5 万，相当于今天的苹果或者谷歌的员工人数。但是，随着互联网的发展和数码相机的问世，柯达挣扎多年，直至 2012 年最终破产，一切属于柯达的辉煌，都成为过去。

随着新技术、新业务的快速发展，IT 产业会广泛渗透到社会各个行业、各个领域。特别是在经济领域，IT 产业加速向传统产业渗透，产业边界日益交融，新型商务模式和服务经济加速兴起。

李彦宏指出，互联网将对音乐、视频、文学、出版等传统业务产生巨大冲击。新媒体正在以极快的速度，影响着文化产业的方方面面，尽管它才刚刚起步，商业模式也不成熟，但是这个行业变化必定会很快。

而且，随着"大数据"（也称巨量资料，指所涉及的资料量规模巨大到无法透过目前主流软件工具）的出现，传统企业日渐互联网化已经是必然的趋势。对于传统行业而言，一场颠覆性的创新变革已经难以避免了。

对商业竞争来说，大数据意味着激动人心的业务与服务创新机会。零售连锁企业、电商业巨头都已在大数据挖掘与营销创新方面有着很多的成功案例，它们都是商业嗅觉极其敏锐、敢于投资未来的公司，也因此获得了丰厚的回报。

对商业竞争的参与者们来说，大数据意味着巨大的机会。而且，很多电商业巨头、零售连锁企业都已经在大数据挖掘与营销创新方面，获得了巨大的收益。

　　2010 年，微软亚太区研发集团主席张亚勤第一次提出了"三大平台之争"。三个平台是指终端的平台、云的平台、商务和社交平台，赢得这三大平台之战的竞争者，将掌握下一代 IT 产业的主导权。

　　甚至可以说，随着互联网云计算和大数据的结合，无论是做平台、做硬件，还是做应用、做服务，都将以数据为核心和动力，今后的政治、经济、文化、科技、民生等各个方面都将受其影响。因此，传统行业只有和互联网相结合，利用新技术、新方式寻求变革，才能化解危机，获得发展。

稀缺就是竞争力

　　不要被"免费"吓倒，拥有"稀缺性"就拥有了破解免费魔咒的武器。过去有一本书叫《免费》，未来以软件形式存在的内容都会免费的。这会让我们很多立志于制造内容和软件的公司都非常绝望。

　　并不是所有有价值的东西就都可以在市场中找到价格。比如空气对所有人都非常重要、很有价值，但是没有人去买卖这个空气。为什么呢？太多了，这里面提到一个价值的重要前提，就是稀缺性。

　　我们看制造稀缺性的方法有哪几个？第一要有一个长期的大量品牌投资，比如 LV。第二要营造一个独特的体验，比如我们看到苹果的 iPhone 等，它就是通过一种整合方式把很多技术整合在一起创造出一个非常好的独特体验。其中它的每一个技术在其他的厂商来看都不是什么高精端的技术，关键把它整合成一个体验，这个就是一个稀缺性。第三要塑造明星，我们看到好莱坞产业电影有一半制作费用都是用于请明星的费用片酬。

　　——摘自马化腾 2010 中国企业领袖年会主题演讲《关于互联网未来的 8 条论纲》

深入透析

往前十年，全球互联网的成功案例，几乎全是用免费的产品和服务去吸引海量用户，然后通过广告、增值服务或其他虚拟产品收费来获得成功，雅虎是这么走过来的，Google 是这么走过来的，Facebook 也是这么走过来的，至于新浪、盛大、百度、QQ、阿里巴巴、淘宝等也都是这么熬出头的。

但免费只是试用，收费才是常态。以 70 后和 80 后为主的新一代消费者更愿意在互联网上花钱。他们乐意为《哈利·波特》《明朝那些事儿》《魔兽世界》这样的内容一遍遍掏钱，而且还是正版。

洛克王国是腾讯专为儿童打造的一个在线社区。洛克王国的季度用户达到 4500 万，出版图书超过 500 万册，做大量的玩具和文具的授权，同时，洛克王国的第一部大电影上线也取得了不错的票房。

程武认为，新的模式，将是如何利用腾讯的平台优势，例如 QQ 平台、网络社区，甚至在新兴的微信平台上，将互联网的形式结合到 IP 开发和内容运营里，在创造更多更丰富用户体验的情况下，让用户愿意为它付费。

苹果和亚马逊是眼下把"付费互联网"发挥到极致的两家公司。围绕着 iPad 和 Kindle，他们正在重塑内容产业的价值链，其核心在于，让用户享受比免费更及时更愉快的体验。

上述两个例子正是通过稀缺性促成收费的典型案例。那么，制造稀缺性的方法有哪几个？马化腾的回答是：

第一是有一个长期的大量品牌投资，第二是营造一个独特的体验，第三是塑造明星。

对稀缺性的投资是大势所趋，腾讯的正确决策将是其持续盈利，立于中国互联网行业不败之地的"秘诀"。

能量辐射

2013 年 5 月 8 日，法拉利董事长卢卡·迪·蒙特泽莫罗在马拉内罗举行的 Formula Ferrari 全球新闻发布会上正式发布了最新的全球战略，并介绍了公司的核心业务领域。蒙特泽莫罗先生表示："我希望法拉利保持绝对的稀缺性。"

蒙特泽莫罗宣布了法拉利第一季度取得的丰硕成果——共销售了 1798 辆公路跑车（不包括预售的 La Ferrari），同比 2012 年第一季度增加了 4%；营业收入也增加至 5.51 亿欧元，同比 2012 年第一季度增加了 8%。此外，营业利润增长了 42%，达到 8050 万欧元；净利润增长了 36.5%，达到 5470 万欧元。

蒙特泽莫罗强调了 2013 年他对法拉利的愿景与规划：全球产量将控制在 7000 辆之内，以确保品牌和产品的稀缺与尊贵。

他解释道："我希望法拉利保持绝对的稀缺性。法拉利就像一个风华绝代的佳丽，值得所有人等待，每个人都渴望拥有。这些想法和理念深受恩佐·法拉利的影响，如果我们控制产能，市场上将不会遍布法拉利的身影，现有车主们的法拉利跑车也因此更为稀有与保值。"品牌要想长久立于不败之地，在众多产品中脱颖而出，赢得消费者青睐，稀缺性扮演着举足轻重的角色，不仅是在企业中，在其他领域中也是如此，甚至在赛事中也不可或缺。

四年一届的世界杯与奥运会、重大体育赛事一样，在正式诞生之前就被谋划者、主办者、国际足联等核心人物、机构定位为一个全球性稀缺性资源，一个全球性的足球顶级赛事。

对于这个被人为打造出来的全球性稀缺资源，每每都会有无数国际商业巨头围绕其设计不同档次的合作模式，进而"心甘情愿"地从腰包中掏出"真金白银"。

四年一博弈的最为经典的足球赛事其实更像是各路国际性商业巨头们对其稀缺性商业价值的追逐与争夺大战。

这些"真金白银的奉献者"无非是想拥有以下权益——如赛事冠名权，电视直播节目、栏目赞助权，生产、研发、销售世界杯衍生产品的权利，赛事官方某领域赞助厂商，等等。

围绕着这个全球性稀缺资源又会诞生出一个又一个大大小小的商业链条，这些商业链条时而同行、时而交叉。比赛前后，举办地经济的振兴与发展、商业巨头们的企业品牌与推广、相关衍生产品、相应的电视及其他类型的广告宣传，等等，所有这一切，都会让那些真正赞助了世界杯的各个利益团体可以合法、受保护地享有自己得到的相应权利。

但即使有了稀缺性的资源，如果市场及受众还没有成熟，也只能铩羽而归，中国的付费电视行业就是一个很典型的案例。

中国付费频道行业中也有数套由各类稀缺性资源打造出来的产品，但因为绝大多数中国电视观众没有付费看电视的习惯，再加上付费电视行业节目质量较弱，这个新兴行业的生存始终举步维艰。

而对于四年一届的世界杯，尽管绝大多数中国大陆受众天天抱怨着广告铺天盖地、无孔不入，但能够让他们在电视机前喝着啤酒、吃着小菜、免费看着精彩的世界杯，他们最终也选择了接受。伴随着每一届世界杯，总有无数商家为一个"露脸机会"争得"头破血流"，这无疑是由于世界杯的稀缺性带来的、在中国大陆市场中的巨大利润的吸引。

如何制造稀缺性是每一家企业都渴望探究的秘方，简单来说就是要制造"人无我有"的产品和服务，在保证品质的同时，控制其数量，体现其独一无二的尊贵价值。当然稀缺性的制造并不是一件简单的事情，需要独特的创意和卓越的技术支持。

稀缺性的良性发展和进化任重而道远，但是如何正确看待稀缺性资源和产品更是我们每个人需要补习的功课。稀缺性的产品不是普通大众都可以消费得起的，它就像中国的茅台、五粮液，法国的拉菲，是一个国家和地域文化深度的象征，早已突破了作为商品的单一性。

第七章
把用户价值放在第一位

不管什么年龄和背景，所有人都喜欢清晰、简单、自然、好用的设计和产品，这是人对美最自然的感受和追求。

为用户搭建一个网络生活的平台

今天，腾讯的目标就是要搭建这样一个网络生活的平台。大家都知道，腾讯公司是从专注于互联网即时通信起家的，目前已经拥有了包括消费者的QQ，再到企业级的RTX这一套完整的即时通信的产品线。这是我们的基础，也是一个纵向的核心。同时，在横向方面，我们经历了一年时间的不断完善，极大扩展和丰富了我们的qq.com门户网站。

未来，在深度整合的基础上，腾讯将采取"一横一竖"的业务模式，即原有的即时通信工具和门户网站、互动娱乐服务，以及包括多媒体、音乐、电子杂志等在内的网络内容服务和电子商务。

这样的布局，可以服务更多的用户数量，可以搭载更前沿的技术，更为重要的是，在此基础上，可以扩展更广泛的网络增值业务，满足并实现更多的用户需求。我们希望，通过这个平台，人们可以利用网络提升生活质量和工作效率，使网络成为人们日常生活、工作和学习的重要组成部分。

可以预见到，互联网的下一个 10 年将是"网络生活化"的 10 年。当然，任何一个产业的繁荣都离不开用户、政府领导、业内厂商、上下游合作伙伴和媒体等方方面面的大力支持。腾讯是一个年轻的企业，腾讯非常愿意和在座的各位及业内合作伙伴一起，共同开创一个"网络生活"的大场面，用更多更好的产品和服务回馈我们的网民与用户！

——摘自马化腾《腾讯在"一横一竖"中构筑未来》

深入透析

在马化腾的脑海里，未来的腾讯要成为中国人在线生活的一个符号。"只要一提到 QQ，一提到腾讯，就会联想到在线生活。"他说。正如日常生活中人们对水和电的依赖一样，腾讯要做的正是互联网上的水和电。

受水、电生意商业模式的启发，小马哥把传统生活全部搬上网络，打造在线生活。腾讯旨在打造中国最大的网络社区，满足互联网用户的在线沟通、资讯、娱乐和电子商务等需求，这就是小马哥的一站式"在线生活"服务。

2008 年除夕之夜，近 50 万世界各地的华人同胞通过 QQ 直播观看春晚；2008 年"两会"期间，上百万网友通过腾讯网建言献策；汶川特大地震时期，腾讯网友的捐款达到 2300 多万；2008 年北京奥运会期间，有 6000 多万人参与了在线火炬传递，有 16 亿人次通过 QQ 率先获知奥运信息……

腾讯已经渐渐形成了自己独特的全价值链网络生态系统，为用户提供一站式的在线生活。

能量辐射

伍薇从大学毕业后，进入一家外企工作。当时，她花在开心网的菜地上的时间，开始明显多于在人人网上抢车位的时间。而现在，她习惯于把所有遇到的有趣事件都发到微博上，不仅仅在办公室里，甚至在上下班的路上遇到大堵车的时候，她会拍一张一眼望不到头的车龙，用 iPhone 发到微博上："真庆幸今天我走去搭地铁了！"

休假时，她在豆瓣的"同城活动"里寻找自己喜欢的各种演出讲座，点下"我要参加"。实际到场后，再用街旁网"签到"，有时她还会发现别的朋友和自己同在一地。

"我不用再真正见到我的朋友们，或者一遍遍给他们打电话、发短信，我就能知道他们在做什么，喜欢什么，要干什么。而且我也了解到更多层面的他们，在这些网站上，他们更放松，也更自我。"她如此总结，这些网络让她的人际关系"更简单、随意，也更直接"。

随着互联网向全面的社区化发展，来自网络社区用户之间的信息共享正日益成为网络世界中一个重要的信息交流纽带。在一些社交网络平台上，来自好友之间的"转贴""分享"等行为已经成为中国网民最为热衷的一种信息传递和分享方式。

随着社会的发展以及互联网技术的进步，人们寻求分工和协作的范围扩展到整个网络，逐步开始了网络的社会化，建立网络上的社会关系，并将这种社会关系演化为现实中的关系，逐渐发展成为社会化网络平台。

很多人在研究腾讯的核心竞争力时发现，腾讯真正赖以发展的基础是通过社会关系网络扭结在一起的强势用户关系。这群用户相互之间不断交流，形成一种相互依赖的关系。马化腾正是因为很多年前就看到了网络社区这一趋势，围绕社区平台做文章，才让 QQ 火爆起来。

罗素说，参差多态乃幸福本源。对于互联网世界来说，也是如此。社会化网络吸引更多的人投身到网络的怀抱，并且创造出更多的信息，使这个世界更生动、温暖与个性化。

了解用户的真正需求

在研究用户需求上没有什么捷径可以走，不要以为自己可以想当然地猜测用户习惯。

产品研发中最容易犯的一个错误是：研发者往往对自己挖空心思创造出来的产品像对孩子一样珍惜、呵护，认为这是他的心血结晶。好的产品是有灵魂的，优美的设计、技术、运营都能体现背后的理念。

有时候开发者设计产品时总觉得越厉害越好，但好产品其实不需要所谓特别厉害的设计或者什么，因为觉得自己特别厉害的人就会故意搞一些体现自己厉害但用户不需要的东西，那就是舍本逐末了。

腾讯也曾经在这上面走过弯路。现在很受好评的 QQ 邮箱，以前市场根本不认可，因为对用户来说非常笨重难用。后来，我们只好对它进行回炉再造，从用户的使用习惯、需求去研究究竟什么样的功能是他们最需要的。在研究过程中，腾讯形成了一个"10/100/1000 法则"：产品经理每个月必须做 10 个用户调查，关注 100 个用户博客，收集反馈 1000 个用户体验。这个方法看起来有些笨，但很管用。

我想强调的是，比如有些自认为定位于低端用户的产品，想都不想就滥用卡通头像和一些花哨的页面装饰，以为这样就是满足了用户需求；自认为定位于高端用户的产品，又喜欢自命清高。

其实，这些都是不尊重用户、不以用户为核心的体现。我相信用户群有客观差异，但没有所谓高低端之分。不管什么年龄和背景，所有人都喜欢清晰、简单、自然、好用的设计和产品，这是人对美最自然的感受和追求。

——摘自马化腾在腾讯研发部"产品设计与用户体验"的内部讲座

深入透析

"用户反馈—改进—再反馈—再改进"的过程每一天都在各条产品线当中反复上演。不同于传统行业，互联网产品研发团队和用户感受的交互是非常快的，新的产品或功能甫一应用，用户如果不喜欢，马上就会"把你骂得狗血喷头"。

面对用户反馈回来的五花八门、千差万别的意见，产品和研发团队如何对其进行筛选？如何确定次序和节奏？张志东坦言："目前还没有完美的放之四海而皆准的标准，仍在探索之中。"

在具体操作中，每个产品团队都有自身的经验、风格和对用户的敏感度，反应机制也不尽相同。但从用户反馈的终端来倒推，好的产品团队往往具备多年的经验，并且对用户的需求变化非常敏感，和用户互动时非常用心。比如微信团队，之前是做QQ邮箱的，在进入微信这一手机应用之后，团队成员之前在用户体验方面的很多经验都有助于他们对新产品的用户需求的把握。

了解用户的真正需求，是一件困难复杂的事情，就像1000个人心中有1000个哈姆雷特的形象一样，除非我们能走进用户的内心，才能很好地把握住用户的真实想法。下面谈谈"QQ飞车"在提升用户价值方面的经验。

QQ飞车团队一直以来奉行的开发运营策略中很重要的一条是：真正了解用户需求，保证用户的价值实现。在实际运营过程中，所有的团队成员都在积极地贯彻这一策略。随时保持与用户的沟通，这是最直接，也是最为有效的方法。

QQ飞车团队倾听和获取用户直接需求主要采用以下几种方式：

一是飞车论坛。这是目前互娱游戏产品论坛中唯一拥有"策划交流区"板块的论坛，策划团队成员会定期在该板块中收集玩家建议，作为后续版本开发和优化方向的重要参考。

二是QQ群。QQ群是一个很好的沟通工具，策划团队的每个成员以及主要的开发团队成员，每个人的QQ上都拥有超过100名以上的玩家好友，以及超过10个以上的飞车游戏相关QQ群。我们将此视为帮助飞车团队第一时间把握用户动向，洞悉用户需求的宝贵财富。

三是定期的用户调研。这是飞车团队的必修工作，每个版本发布后都会有版本满意度调研。对于将要上线的各类玩法和系统，我们会组织玩家进行多次 CE 和 demo 体验，由此了解用户对游戏的满意度以及需求变化。

四是 QQ 飞车团队实现 7×24 小时对数据的监控以及异常数据变化预警。团队的每个成员都保持对数据变化的高度敏感，第一时间对引发异常数据变化的根源进行紧急处理，对数据趋势进行分析。

由此，QQ 飞车团队通过对产品开发和运营策略进行有效调整，使得 QQ 飞车在获得用户满意的同时，也得到了用户的肯定和认可。

能量辐射

"用户体验"这一术语指用户个体与产品进行交互时，用户获得的主观体验。我们经常会谈论某家餐厅的服务很好或电影院的环境很糟糕等，这就是一种用户体验。

人类社会正在逐渐走向"体验经济"的时代。IT 产业的生命周期相对较短，人才、技术和产品的更新迅速。这种环境下，保持公司优势传统的做法是微软模式，即技术不断升级，或以 IBM 为代表的模式，即服务不断升级。

苹果采用的是客户体验升级模式，更简洁的设计，更友好的用户界面，更方便的使用场景，更为高雅的外观和更为舒适尊贵的持有感等——这些构成更好的用户体验。这种客户体验基于卓越设计的产品之上，包括企业与客户接触沟通的每一个触点触面上。

许多客户第一次走进苹果的店面时，最大的感受就是苹果店面的环境设计和其他 IT 电子产品的店面完全不同。在看上去朴实无华的桌架上，各种产品的展示、使用恰到好处。客户购买完毕走出店面时提的购物袋，也可以制造出一种独一无二的购物体验。

苹果并不是首家追求客户体验并取得成功的公司，耐克将运动鞋打造成为时尚产品，索尼曾将磁带播放器打造为 Walkman……与之相同的是，苹果公司当前也正处在"体验经济"迅速取代"产品经济"的转折点。从行业角度分析，由于技术的普及和竞争对手的不断增加，厂商的成本可压缩空间和利润空间都趋于零。

同时由于技术实现与需求的关系已经达到饱和，在革命性的技术变革出现前，小规模技术改进对需求几乎没有任何刺激。这时，"产品与客户共鸣""制造让客户难忘的体验"成为新时代先发企业的制胜法宝。

在乔布斯眼里，最好的"用户体验设计"不仅仅是找准定位、产品自身的设计，他定下了几项基本原则：

1. 一定不要浪费用户的时间。例如，巨慢无比的启动程序。又如让用户一次次地在超过 50 个内容的下拉框里选择。请珍惜用户的时间，减少用户鼠标移动的距离和点击次数，减少用户眼球转动满屏寻找的次数。

2. 一定不要想当然，不要打扰和强迫用户，不要为 1% 的需求骚扰 99% 的用户。

3.一定不要提出"这些用户怎么会这样"的怀疑,一定不要高估用户的智商。

4.一定不要以为给用户提供越多的东西就越好,相反,重点多了就等于没有重点,有时候需要做减法。

5.一定要明白你的产品面对的是什么样的用户群。

6.一定要尝试去接触你的用户,了解他们的特征和行为习惯。

企业之所以能够生存,唯一的原因就是顾客乐意购买你的产品。这正应了那句话:"你让顾客满意,顾客才会让你满意;你满足了顾客的需求,顾客自然也就满足了你的需求。"从这个意义上说,超一流的产品就是满足顾客的需求。

当然,用户的意见是零散的,如何改进产品需要一个更系统的反应方式。乔布斯谨记亨利·福特的名言:"如果我当年去问顾客他们想要什么,他们肯定会告诉我'一匹更快的马'。"在研发产品的过程中,乔布斯习惯于反问自己,他和他的团队首先遇到的挑战是,如何做出一款让自己一见钟情的手机。

2008年2月,乔布斯答《财富》记者问时说:"我们只是在搞明白我们自己需要什么。而且我认为,我们已经建立了一套良好的思维体系,以确保其他人都会需要这个东西。"

不过乔布斯也指出,用户体验固然重要,但一件产品或者你所提供的核心功能或内容是根本。举个例子,谷歌的用户体验固然很好,搜索速度也很快,但中文搜索结果就不如百度。

用户体验不是一切,这句话对小型公司尤其有效。大公司一般有专门的设计部门，他们的追求是让产品做到极致，用户体验当然是重要的环节。而小公司的关注重点应该在产品的核心功能上，将产品的核心功能做到极致，这才是首要的。

第八章
用心做事，经商需要稳扎稳打

开发人员要用心来思考产品，而不是公事公办的态度。

保持"产品经理"心态

《新京报》：你现在名片上已经是上市公司主席了，
那平常你还管具体的事情吗？你去公司是不是就巡视一
下，开开会、签签字就行了？

马化腾：我是腾讯最大的产品经理，任何一个产品
我都会去看。要不然怎么能知道一个产品或者服务到底
好用不好用，怎么知道问题出在哪。

中国市场上这么多款 IM（即时通信）产品，你不可
能全部用过吧？我就差不多全部用过，它们哪些地方好，
哪些地方有问题，我都得了解。

——摘自马化腾接受《新京报》的采访

深入透析

在创业早期，马化腾的名片上只是简单地印上"工程师"的
称号。他称自己实际上是个产品工程师。只是至今，马化腾依旧
保持着"产品经理"的心态，而且更加专注于技术和细节。

对工作严肃认真的马化腾，更愿意谈论自己每天使用的互联

网产品。他爱给自己的产品挑错，一看到成品就知道写代码的人有没有偷懒。

2008 年春节前的某天凌晨 4 点，腾讯即将发布新的 QQ 版本，负责的技术主管还在加班。此时，他收到了他的老板、腾讯董事局主席马化腾的一大堆问题，从产品界面、用户体验至一些技术细节。马化腾问这位技术主管：有没有进行用户调查，了解新版即时通信的这些问题是不是真需要改进？

一周后，这位技术主管坐到了马化腾的面前，他告诉马化腾，部分问题可修改，部分问题则不需要修改。因为通过调查，产品原来的设计正是用户需要的。"这件事对我影响还蛮大的。你可以想象，凌晨，蓬头垢面的大老板，布满血丝的眼睛，敲几段意见给员工，那种洋溢的热情真的挺让人感动。"这位主管说。

对产品充满了敬畏，所以马化腾才如此认真。当年 QQ 邮箱脱胎换骨，超越微软，马化腾功不可没。腾讯找出了 400 多个问题进行优化，其中 300 多个问题是马化腾发现和提出的。虽然360 和腾讯打得不可开交，但周鸿祎多次赞扬腾讯的微创新，他内心应该是赞同和尊重马化腾做产品的"拼命三郎"精神的。

行业内公认马化腾是最好的产品经理，不是没有道理。互联网公司的管理者与其他行业是不一样的，必须亲身在最前线体验用户的心理和真正需求；一切围绕产品，将产品的服务做到极致，所有管理和工作都要围绕产品和用户体验展开，不能为了管理人或 KPI 而管理。

这提醒了很多刚进入互联网行业的公司管理者们，互联网是时刻在变化的，在管理中与其他传统行业有着巨大的区别，不能当甩手掌柜,也不能只关注公司内部的部门和员工,否则,最终的结果就是被抛弃、被淘汰。

能量辐射

产品经理虽然不是老板,却是企业守门员、品牌塑造者,更是营销骨干。产品经理的年薪一般在 30—50 万元;国内互联网行业产品经理的年薪一般在 60—80 万,70 万左右的偏多。

一个好的产品经理不但能引导产品的发展,而且能引导公司的发展。因此,产品经理也是一项有成就感的事业,是公司的"无冕之王",行业内真正成功的产品经理往往能成就一个企业。

金山网络 CEO 傅盛是一名资深的产品经理,他认为,产品经理的要求很高,一般的技术人员很难做好,在很多公司,总经理才能做产品经理。因为产品经理既要具有把握产品特点、分析市场方向的能力,又要善于沟通,能沉下心来做很多细致的工作,包括设计产品的细节问题。

做产品经理,首先要研究产品,了解市场,并能准确把握市场需求和用户心理,这样才能宏观掌控一个产品。在这个过程中,由于工作横跨开发、测试、运营、市场等多个环节,产品经理的沟通能力就显得至关重要。傅盛甚至认为,在产品设计工作中,80% 的问题都是沟通问题。

关注细节问题也是一名优秀的产品经理必备的能力。傅盛以前曾经开发过很多 MIS 系统,还给国家各大部委开发过项目。在初任产品经理的那段时间,他总想做大事,对很多细节的小事总是提不起兴趣，比如产品页面上的一个小按钮，他总是没有耐心去揣摩，这让他的工作开展得很不顺利。

另外，在傅盛看来，产品经理的心态也很重要。从心态角度来看，有两种人绝对做不了产品经理。一种是自以为是、独断专行的人，这种人很难听取别人的意见，也不懂得与人沟通；另外一种是犹豫不决、优柔寡断的人，这种人在关键问题上把握不住时机，无法很快地将产品向前推进。

因此，有意识地训练思考、分析、沟通问题的能力，以及培养良好的心态，是做好产品经理的入门课。只有在这些方面不断提高自己，才能真正做好产品经理。

把核心能力做到极致

　　很多产品经理对核心能力的关注不够，不是说完全没有关注，而是没有关注到位。核心能力不仅仅是功能，也包括性能。对于技术出身的产品经理，特别是做后台出来的，如果自己有能力、有信心做到对核心能力的关注，肯定会渴望将速度、后台做到极限。

　　但是，现在的问题是产品还没做好。比如前段时间的网页速度优化，优化之后速度提高很多，真不知道之前都做什么去了，让用户忍受了这么久，既浪费时间又浪费我们的资源。不抓，都没人理，很说不过去。所以说我们要在性能方面投入更多精力。

　　谈到核心的能力，首先就要有技术突破点。比如做QQ影音，我们不能做人家有我也有的东西，否则总是排在第二第三，虽然也有机会，但缺乏第一次出来时的惊喜，会失去用户的认同感。这时候，你第一要关注的就是你的产品的硬指标。在设计和开发的时候你就要考虑到外界会将它与竞争对手作比较，如播放能力、占用内存等。就像QQ影音，它的核心性能和速度都超越了暴风影音，所以推出之后发展的势头将会很好。

硬指标在选择上其实也有很多选择，如网络播放、交流、分享，这都是很好的思路。但是最后都砍掉了，我们就是要做播放器，因为这是用户的需求。并不是所有人都需要高清，但是高端用户需要（这个后面口碑创造会再提到）。

只有硬指标满足了，用户说"我这个破机器，暴风影音不能放，QQ影音能放"。就这一句话，口碑就出来了，用户知道你行，口碑要有差异性。

核心能力要做到极致。要多想如何通过技术实现差异化，让人家做不到，或通过一年半载才能追上。

——摘自马化腾在腾讯研发部的内部演讲《产品设计与用户体验》

深入透析

马化腾特别强调产品的核心能力。在他看来，任何产品的核心功能，其宗旨就是能解决用户某一方面的需求，如节省时间、提升效率等。而腾讯就是要将这种核心能力做到极致，通过技术实现差异化。

这个想法落在产品设计上，就是希望将产品在某一方面的功能做到极致化，在产品的硬指标上要能给用户带来更多的惊喜，以便与市场上的现有产品产生明显区隔。马化腾认为，腾讯不能做人家有我也有的东西，否则总是排在第二、第三，如果让用户缺乏第一次体验产品时的惊喜，就会失去用户的认同感。

当有人指责腾讯的品牌和产品过于低龄化时，马化腾说了这样一段话："品牌不是自己封的，一定要有实实在在的产品，满足到各个阶层的人，他们认可了，会给你这个品牌赋予很多内涵。但是，如果你的实力和胜算不到 70%，那么就把你的精力放在最核心的地方。当你的产品已经获得良好口碑，处于上升期后，再考虑这些。"

获得用户的认同感，无疑需要良好的口碑，这样，极致的核心能力又显得极为重要。在腾讯，一个产品在没有口碑的时候，不可以滥用平台。在马化腾看来，产品的核心能力做到极致，产品自身就能召唤人，这样，产品就容易在用户体验中产生良好的口碑。

能量辐射

一般来说，企业能否更好地生存发展，一个很关键的因素是企业能否关注核心能力，并将其做到极致。稻盛和夫指出，核心能力是企业在长期经营中形成的独特的、动态的能力资源，支持着企业现在及未来在市场中保持可持续竞争优势。

企业的核心能力要得到市场承认，必须通过企业的产品反映出来。企业是一种或几种核心能力的组合，通过它，企业虽然可以衍生出许多的业务单元，也可以跨越传统的市场界限和产品界限，但是企业的核心能力最终仍需通过核心产品及其组合，也就是企业的核心业务表现出来。

在企业管理软件市场，SAP 曾是一家呼风唤雨的公司。但是随着市场竞争日益激烈，尤其是同类公司的不断出现，SAP 的市场拓展难度越来越大，对这个软件大鳄来说，显然不是什么好消息。事实上，2009 年，SAP 公司的总营业额比上年下滑了 8%，而传统业务——软件许可证收入则下滑了近 28%。

在如此艰难的情况下，如何让公司走出困境呢？SAP 认为，市场上虽然有很多软件公司，但是这些公司往往四面出击，将战线拉得很长，短时间内可能获益，但是长此以往，很难保证始终盈利。

最终，SAP 找到了一条适合自己的道路，那就是决不放弃软件业务，尤其是商业软件业务。通过坚守核心产品的业务，不断提升产品的核心能力，SAP 公司抓住了自己的特长，并通过努力巩固了自己在商业软件行业的领导地位。经过一年左右的调整，加上客户原有的认可，SAP 公司很快摆脱了业绩下滑的困境。

稻盛和夫曾将企业比喻成一棵大树，而核心能力就是树干。如果企业的核心业务能依托核心能力形成一种对内兼容、对外排他的技术壁垒，就能在纷繁复杂的市场中保持应有的竞争优势。

要用心来思考产品

开发人员要用心来思考产品，而不是公事公办的态度。你要知道用户、同行会关注你的产品，在这种驱动下，开发人员要有责任心去主动完成。不能说等到产品都做好了，流水线一样送到面前再做。

40％—50％左右的产品，最终体验应是由开发人员决定的。产品人员不要嫉妒有些工作是开发人员设计的，只有这样才是团队共同参与的，否则出来的产品一定会慢半拍。

——摘自马化腾在腾讯研发部的内部演讲《产品设计与用户体验》

深入透析

从一个技术宅男到腾讯 CTO（首席技术官），从一个 IT 民工到坐拥 20 多亿美元财富的富豪，张志东演绎了"用心去做"的真谛。当年，张志东希望凭着对计算机的爱好，能够做一些给很多人用的东西。

在深圳大学，张志东和马化腾都属于计算机技术拔尖的一拨，但张志东是其中最拔尖的。即便放大到深圳整个计算机发烧友的圈子里，张志东也是其中的翘楚。

张志东基本上没什么特别的业余爱好，下象棋是他唯一的兴趣，工作上他则是一个不折不扣的工作狂。在黎明网络工作的时候，张志东就非常努力，加班到第二天凌晨两三点对他来说是很平常的事情。

QQ 的架构设计源于 1998 年，它正是由张志东搭建的。如今这么多年过去了，用户数量从以前设计时的数以十万计到现在的数以亿计，整个架构还适用，实在难能可贵，甚至可以说不可思议。

张志东思维活跃，沉迷于技术，一心希望可以通过技术来帮助别人改变生活。有一次，他去帮一个政府客户进行网络设置，当他将一切功能都架设完成后，发现对方仅仅使用了其中非常小的一部分功能，这对张志东是一个不小的触动。张志东第一次有了强烈的用户意识，这也使腾讯从一开始就对用户有了很强的吸引力。

能量辐射

什么叫用心？ 360 的周鸿祎说："优秀的产品经理心里都有一个大我，他不是对老板负责，而是对产品负责、对用户负责，他甚至会把这个产品看成他自己的孩子。比如说，如果你是一个设计师，除了美化、润色、做方案，是不是也要用心地了解这个产品是怎么回事？用户是什么样的人？用户为什么用这个产品？他在什么场景下用？这个产品给用户创造了什么价值？如果说一个技术工程师只满足于堆出一堆代码实现了一个产品功能，但根本没有想过自己在这个过程中通过积极参与可以让产品得到很多改善，或者对于自己认为不对的地方也不想提出反对意见，这样的技术工程师就不要抱怨自己是 IT 民工，因为这样的思维方式就注定了他一定是一个 IT 民工。"

当接到腾讯的录用通知，还没有毕业的 Chloe 便抱着学习的心态，很早就来到上海分公司实习。她先后参与了企业 QQ1.0 的运营及 2.0 新版本的产品策划工作，后被调去做 QQ International 的新项目。

作为新人，她认真完成上级交给她的每一件小事。由于项目的原因，出差的机会很多，每一次又都不轻松。她曾有过 3 天拜访了 15 家互联网公司的经历。几乎每天都是一大早出发，晚上 11 点以后才回到酒店。出差固然辛苦，然而她却将其当作是难得的历练，从实践中学习和成长。

2010 年企业 QQ2.0 发布的前两个月，原来的核心产品经理离职，她被立刻调回企业 QQ 项目组跟进这个项目。当时新版本从策划到上线已经进行了大半年，还有两个月就要上线了，大家都因为产品经理的离职而倍感担忧，况且 Chloe 只是个刚刚毕业的应届生，之前只参与了新版本一半的产品策划。但是最终，这个初出茅庐的毕业生竟然扛下了这个重任，让所有人对其刮目相看。

实际上，之所以能在工作中游刃有余，是因为她对待工作百分百用心。定稿之前，需要看另一个产品经理写的需求有没有冲突和遗漏的地方，她就将每一份需求文档都打印出来，找个会议室，一份一份逐字查看，仔细阅读每个细节，查出每个问题。这种认真的态度使得她对整个版本的所有需求细节都了如指掌，从而带领整个团队顺利完成 2.0 新版本的发布工作。因为这期间表现出色，毕业半年的她就拿到了"优秀员工"的称号。

她坚持着这份理念，认真做每一个产品。即使有时因为项目不顺利而躲在会议室里失声痛哭，即使有时因为想法不一致和其他同事发生争执，她仍然渴望着做对社会有意义、能给更多人的梦想带来帮助的产品。

用心做事，使 Chloe 在工作中表现突出，也使她获得了应有的荣誉。

第九章
克己修身利生存

有时候，决定成败的不过是心态：不要停留在"想要"，而是要积极"去做"。

学会倾听，接受批评

在摸着石头过河的过程中不可避免会犯错误、走弯路，会遭受很多指责、批评。

我们有没有做好这样的准备？面对这些，我们是辩驳还是熟视无睹？我希望腾讯所有人都能记住：学会倾听，接受批评，是人生中的重要功课。我们的原则是：只要是善意的批评，一定虚心接纳、坚决改正。既然腾讯要打造一个开放共赢的互联网新生态，我们就要在面对批评时拥有更加坦荡的胸襟。

——摘自《马化腾致全体员工的一封信》

深入透析

2010 年 11 月 3 日，腾讯宣布 QQ 与 360（360 公司，简称 360）不兼容，原因是 360 的扣扣保镖威胁到了腾讯 QQ 用户的安全。360 随即发出几封致用户信，认为腾讯利用垄断优势打压竞争对手。这场不兼容之战持续几日，震惊业界。虽然腾讯公司坚信，"不兼容"是不得已而为之，但是并没有获得业界和公众的理解和同情。

"诊断腾讯"最早从 2011 年 2 月底开始举办，历时一个多月，共有 10 场。请人批斗自己在业内并不多见，而在这 10 场可以称得上"批斗大会"的研讨会上，一向低调的腾讯高管悉数出场，接受各行业专家的挑刺和建议。

研讨会上，许多专家的批评非常直白，不过在腾讯创始人兼首席执行官马化腾、腾讯总裁刘炽平、首席技术官张志东、首席行政官陈一丹等高管眼中，这些犀利的言辞更多的是业界对其的鞭策。

"我在网上被骂的机会很多，往往在微博上我说一句话很多人都会骂，所以心理承受能力超过大家的想象，12 年都是这样过来的。我希望各位专家不要给我留情面，提出严厉批评。"在"诊断腾讯"的第九场研讨会上，马化腾向与会嘉宾发出了"让批评来得更猛烈一些"的邀请。

"我记了满满 3 页纸，还是双面的，手都记酸了。"对于各位专家的建议，马化腾表示从中学到了很多，"但这些不是我个人明白就可以了，还有我们高管层、公司关键岗位的一些领导员工都要明白，最难的是推动。"

腾讯总裁刘炽平表示，一场场诊断会过来，腾讯就像照了一个 X 光，也提醒我们要从各个方面去重新认识自己。腾讯高层都表示要把这些宝贵意见带回腾讯去，不只是内部进行交流，而是要真正穿透式地把这些意见下发、执行。

能量辐射

史玉柱曾给巨人公司立规：下级说上级好话，当场罚500元，但上级不在场时不罚。据了解，公司中被罚过的事情有十几起。史玉柱的逻辑是，爱听好话是人的天性，但需克制，爱听下级奉承的领导，情商一定低，听下级批评如同吃补药，听下级奉承如同吃砒霜。人人网的CEO陈一舟骨子里十分认同这个观点，因为人人公司长期以来就一直推行"极端真实主义"。

如果我们能够给企业构建真实主义的文化基因，那企业将会焕发的活力和迸发的生产力将不可估量。

有一次，人人公司华北销售总经理曹淼和几个同事一起向陈一舟提一个很尖锐的意见，讲之前大家都有些忐忑，但问题提出后，陈一舟不仅没有发怒，还感慨"在互联网公司，我们能有这样敢说真话的团队是能够不断快速发展的基石"。相较以往的履职，曹淼感觉，人人公司是非常鼓励大家相互批评的。

陈一舟之所以拿自己和高管"开刀"，有他的一番道理。他觉得，领导者个人的认知总有偏差，一旦有偏差，行动就不能完全按正确的方向改变世界，所以要不断进步，就要不断修正对自己、世界的看法。对他来说，面子并不重要，重要的是把事情做成、进步得更快。

诚然，人的本性是不愿意承认错误的，尤其是在公开场合。陈一舟听到别人的批评时也会不高兴，但往往这时他会克制自己，并且心里对自己说，不论对错与否，别人敢说话对自己就有好处，只有这样才能鼓励大家提意见。"大家偶尔也会提错误的意见，如果你马上把他打倒，那很多正确的意见以后也不提了，那你不亏了吗？所以不管成熟不成熟的意见，我都听着，让提意见的人感觉很好。而且不管采不采取行动，我都会告诉他，让意见有个结果。大家感觉我的反馈是正向的，这样提意见的人就会越来越多，你的进步也会越来越快。"

事实上，文化和谐、员工活跃、绩效显著的创新型企业往往有一个共通之处，那就是 CEO 善于主动深入群众，积极听取意见，这也是企业高管可贵的品质之一。陈一舟一面自己这样坚持，一面也告诫担心没面子、日后不好管理员工的公司管理者：如果连这都怕，那最可怕的事就会发生——你不会进步了。

具体来说，不论是企业还是个人，面对批评都应该有正确的态度和方式：

一是要虚心地接受正确的批评。凡是正确的批评，都应虚心接受。批评能指出我们的不足、缺点、错误及其原因，还能指出我们的努力方向，获得相关的信息与帮助。有时，我们是"不识庐山真面目，只缘身在此山中"，对自己的不足、缺点、错误懵然无知、浑然不晓，或不想让人知、让人晓，长此以往，我们就会永远落后，不断出错，这既妨碍自己的正常成长，也不利于组织事业的发展。只有虚心接受批评，我们才能不断改进自己、成长自己、发展自己。

二是要冷静地对待不当批评。当遇到他人或组织的不当批评时，我们要冷静，不要急躁，更不要急于辩解。每个人都会因为囿于所见而犯错误，批评者也可能批评错了。如果听到不当批评就急急辩解或驳斥，就会阻塞言路、不利对话沟通，也会激发冲突、影响团结，还会不利于通过接受批评而不断学习提高。听到不当批评时，如果先冷静待之，继而慎重考虑，然后予以合适与善意的解释，就可能达到有效对话沟通，相互帮助，有则改之、无则加勉的正效果。

三是要诚心地接受刺耳的批评。有时，批评者本来是好意、善心，但批评时缺乏艺术性，没有采用合适的方式方法，我们听起来可能感到刺耳、不舒服。这时，我们就更应该诚心诚意地表示我们接受批评的心态，甚至应该感谢批评的尖锐与"无情"。因为"良药苦口利于病，忠言逆耳利于行"。要认识到，只有真心关心自己进步的人才会言辞激烈，而与之相反的人往往会对我们的不足与错误视而不见、听而不闻。所以，我们应该感谢批评！

四是要有接受批评改正错误的行动。如果我们只是当面、表面唯唯诺诺地接受批评，而过后则抛诸脑后，不思悔改，或是虚与委蛇、不置可否地听任批评，那么我们就是虚假、虚伪的人，是缺乏诚实守信之德的人，就是孤家寡人，就难以立身处世、成事立业。虚心、冷静、诚心接受批评后，我们要用行动来证明自己是敢于承认错误、乐于改正错误、善于学习进步的人。

受到表扬蹦蹦跳，受到批评双脚跳，这不是正确对待批评的态度。我们要坚持正确的批评与自我批评的工作作风，在批评与自我批评的有效对话中，才能不断成长与提高。

少说"做不到"，多说我"我尽力"

马化腾：请在页面上加锚标功能。

员工：在技术上不可能实现。

马化腾：你说什么？

员工：抱歉，我们去想办法。

马化腾：在腾讯，不允许说什么事情在技术上做不到。

——摘自马化腾回复员工的邮件

深入透析

马化腾经常会直接回复普通员工的邮件。在和 Pony 邮件往来的过程中，有一件事给某员工留下了很深刻的印象。

一次，Pony 要求页面上加某种锚标功能，当用户对页面特定区域进行复杂操作之后，页面能够返回到原来触发动作的位置，免得从头再翻。

该员工询问了技术人员，技术人员的回答是：这根本实现不了。于是，该员工回复邮件告诉马化腾说：在技术上不可能实现。

大约两分钟之后，马化腾回复了：你说什么？

该员工突然意识到自己说错话了，只能回信道歉：抱歉，我们去想办法。

马化腾过了一阵子回复了一封长信，信中第一段里告诫这位员工，在腾讯，不允许说什么事情在技术上做不到。然后，他在信中列举了三四个部门里的 HTML 高手，列出他们的名字和 GM 姓名，要求直接去联络他们，请求他们给予技术上的支持。

有人描述过腾讯做出决策的一个典型过程：从凌晨 4 点马化腾发出邮件开始，历经总裁、副总裁、总经理、产品经理等几个级别的讨论，到下午 3 点就可以给出项目的具体排期，总共只用 18 个小时。如果在技术上遇到难题，那么马化腾会从全公司搜罗技术高手，给予技术支持，同时从不同系统的层面来说也有很多资源可供调用。

腾讯的产品线上有 1700 多个产品，马化腾关注其中的相当数量。员工和他写信讨论产品问题时非常愉快，基本上就是一个 PM 和另一个 PM 之间的切磋。如果他被一个想法触动，便会立即把邮件升级，拖一堆 VP、GM 进来，推动事情前进。

作为 CEO，他的意见给人带来的压力很大。但是，如果和他据理力争，坚守底线不放，他也能做出退让，让员工放手去做。而且，一旦召开某种产品的讨论会，只要他参加，会议上基本上没有废话，从他的发言中可以发现他很敏锐地抓住了产品的要点，在理解上和你相差无几。

所以，腾讯不存在"汇报"一说，会议不是用来教育 Pony 的，不需要向他普及常识。他早已经准备好了，只等着与大家直接进行讨论和 PK。

能量辐射

几千年以前，我们的先人指着月亮说："那是嫦娥居住的地方，我们凡人是不能上去的。"几千年后的今天，人类成功登陆月球已成历史。

世界上永远都不存在"不可能"的事情。正如泰戈尔所说："世界上最遥远的距离，不是生与死，而是用冷漠的心对爱你的人，掘了一条无法跨越的沟渠。""不可能"三个字，也正是我们对目标掘下的沟渠，它看起来似乎非常可怕，但只要你努力去跨越，你就会发现原来的天堑只不过是一条小土沟而已。请记住一句话：一切皆有可能。

处于扩张时期的企业，总会遇到各种各样的问题，此时，领导者不能问"为什么做不到"，而是想"怎么样才能做到"。如果一直对自己传递"做不到"的信息，就越来越没有动力，最终会感到绝望而自动放弃。

只有相信自己，相信团队，才能把压力化作动力，最终成就别人认为不可能的事情，生产出独一无二的产品。同时，领导者也不能疏远那些会解释"为什么做不到"的下属，如果公司里没人回答这个问题，公司就会在带"病"的状态下发展，导致问题越滚越大。

作为员工，面对领导的问题，不要轻易说"做不到""不可能""没办法"，而是要学会说"试试看"或"我尽力"，不要轻易地否定自己，职场工作充满不确定性，一切都是有可能的。

时刻保持危机感

主持人：你之前提到中国的每个互联网公司都在想办法做全业务，但最近发生了一个备受业界关注的事件——雅虎，作为美国最大的门户网站，也是什么业务都有，现在仍没逃脱落后或者被并购的命运，这件事给你什么启示？

马化腾：雅虎并购事件给业界很大提醒，我们的投资者、股东，都会问腾讯到底想做成什么样的公司，是雅虎这样的吗？我说，不能这样比。仅从全面角度说，腾讯好像是雅虎，但又不太一样，因为内部结构完全不同。与后来创新者Google等对手比，雅虎的确落后了，失去了创新精神。

在中国，互联网行业变化也非常快，不管企业做到什么样，作为创业者都要保持一种诚惶诚恐的心态才行。腾讯在很多方面很敏感，一有什么新东西就赶紧跟进、先去尝试，因为我们不知道什么东西会火起来，在探讨过它的前景之后，如果好，就会及时决策。

——摘自马化腾《创业者始终要保持诚惶诚恐的心态》

深入透析

腾讯是一只危险的小企鹅，它是对手眼中的强敌，因此它也时刻处在危险之中。无论在投资者眼中，还是竞争对手的视野里，腾讯都是比较强悍的对手，因为它最有可能实现沟通、门户、商务、搜索和支付这五类互联网业务的组合。

如今，做了"全民公敌"网站领路人的马化腾，从曾经的言语平淡、不爱表达的技术员也变成了低调、务实的企业家。腾讯发展这些年来，他始终保持着对产品的执着和随时都可能被超越的惶恐心态，在公司的未来发展战略和管理中他也显得越发清醒和警惕。

马化腾把腾讯的发展轨迹归结为自始至终的"危机感"。同样在对未知的"危机"的敏感中，腾讯步入了网络游戏、电子商务、搜索引擎业务。

2008 年 12 月，马化腾在接受《新财经》采访时说道："危机只要早点发现、早点应对，就有胜算。往前走一步，看清楚情况，就能决定下一步朝哪个方向走、钱往哪方面放。"

与多数企业家小有成就时的狂妄与自得相比，马化腾常常显露出不合时宜的忧虑。和他谈话，听到最多的，不是腾讯的成功，而是腾讯的危机。

马化腾正是因为始终保持着这种诚惶诚恐、居安思危的心态，时刻具有"危机感"，才使得腾讯发展越来越好，越来越强大。

能量辐射

在美国有一群濒临灭绝的鹿，被国家保护了起来，圈在一处水草丰美的地方，不让任何天敌接近它们。这群鹿过着十分惬意的生活，可以吃了睡、睡了吃。很快鹿的数量越来越大，灭绝的危险解除了。

但紧接着科学家发现了一个问题，这些鹿的身体越来越差，各种稀奇古怪的毛病出现在它们身上。科学家使用了各种办法治疗它们，却总不见好。最后有一个科学家提出来把"狼医生"请过来，就是请一群狼来到鹿群中间。

当这群狼来到鹿群中间时，鹿群已经不知道狼为何物，傻傻地站在那里。狼看到美食就在眼前，自然扑上去就咬，这时鹿群才知道狼是来吃自己的，争相逃命。就这样，每天狼群追着鹿群在草原上飞奔，凡是跑不动的就被吃掉。

几个月之后，当医生再次检查鹿群的身体时，发现它们身上所有的疾病已经一扫而空，这群鹿在狼的追赶下，已经变得健步如飞，健壮如牛。

这个故事体现了一个自然法则：只有在充满危机感和紧迫感的情况下才能更好地生存，一个群体没有危险就是最大的危险。

微软的比尔·盖茨有一句名言是"我们离破产永远只有18个月"，海尔的张瑞敏说"永远战战兢兢，永远如履薄冰"，联想的柳传志则说"我们一直在设立一个机制，好让我们的经营者不打盹，你一打盹，对手的机会就来了"，华为的任正非认为"华为应该时时为自己准备过冬的棉袄"。

企业危机的破坏性大致有两种形式：其一是渐进性破坏，其二是急剧性破坏。前者的典型案例是福特汽车公司，其衰落期长达 30 年；后者的典型案例是 20 世纪 80 年代美国碳化物联合公司在印度博帕尔工厂的泄毒事故，造成 2000 人死亡、10 多万人受伤，这为该公司招致了上亿美元的诉讼案件。

很多时候，企业危机都是突然爆发，在其爆发前没有任何显性征兆，或虽有预示，但因企业组织或管理原因未能引起注意，故而显得突然。如果我们心中长存危机意识，能够注意到任何危机到来的微小前兆，就不会被危机打个措手不及。

另外，与企业环境密切相关的外部环境突变，如政治原因造成的危机，包括战争、经济政策调整、在外国投资的公司被国有化或被没收等，也会引起突发性的危机。

危机随时都有可能降临到每一个企业的头上，而且具有无法估量的破坏性，这是任何危机都有的基本特点。认识不到这一点，心中没有危机意识，一旦危机到来，企业势必会措手不及，疲于招架，甚至狼狈不堪。因此，想要游刃有余地面对危机、战胜危机，最为重要的就是要有危机意识，以及对危机的正确认识。

任何时候都要保持学习的心态

如果大家没有一个学习的心态，只想着就搭一个互联网平台，是不可能赢的，因为你的对手会走得很深，走得很上游。不把中间可以减少成本损耗的地方、提高效率的地方和对手做出差异化的地方都找出来的话，你是打不赢的，所以你必须迎头追上，深入这个行业。

很多人觉得过去十几年腾讯有很多事情做得不错，但也有很多做得不好，我们确实也承认。但我觉得我们要坚持一个最可贵的文化或者传统就是，我们要保持学习的心态。现在不熟悉的东西，如果一旦认为战略上需要，你就要努力去学习，不要怕难，也不要认为不可能。

发展到现在，腾讯要进入到"互联网下半场"、下一阶段的比赛，我们要牢记这点。我也希望腾讯文化永远不断求变，你试了、错了立刻改，要不顾一切地找出问题背后的原因，迅速学习、迅速改，这个精神一定要坚持，而且也是你们胜利的最重要的一个因素。

——摘自马化腾在腾讯 2012 年度员工大会上的演讲《迎接互联网的"下半场"》

深入透析

腾讯于 2007 年 5 月正式启动 E-Learning 项目，并根据自身特色，对 E-Learning 的名称进行了个性化改变，改称 Q-Learning，可以理解为"求学"。

腾讯希望通过这个平台，实现在现有培训投入基础上的"放大、穿透、继承、节省"效应，为员工提供 3A 式学习支持，营造学习型组织。

鉴于以上设计思路，腾讯将 Q-Learning 的功能定位分阶段地进行推进，并逐步提高。主要包含如下 6 个方面：

在线学习——将课程推送到学员的桌面上，实现 3A 式学习。

培训档案——为员工建立培训档案。

课程体系——将课程体系更好地展现给员工，便于员工自己安排学习计划。

PDI 选课——方便员工了解公司开课计划，并根据自身情况选择合适的课程。

培训流程——将培训运营流程迁移到线上，解放培训管理员的人力，提升专业度。

资料中心——通过 LMS，建设腾讯资料库，有效放大培训效果。

员工可以借助 Q-Learning 平台规划"个人学习地图"，并参照"公司学习地图"，确定自身的发展方向和目标。

"个人学习地图"是指将个人的通道、职级、素质模型、课程做好匹配关系，员工只要进入系统就能清楚地知道自己该学习什么课程。

"公司学习地图"是"个人学习地图"的升级版，员工如果想了解整个公司的通道、职级、素质模型和课程的匹配关系，可以通过"公司学习地图"进行查询，这样员工如果想往某一个方向发展的话，就会清楚地知道该通道、职级所需要的能力，知道哪些培训可以帮助其实现目标。

对于加强知识分享，腾讯 Q-Learning 还进行了许多卓有成效的探索，其实施的"腾讯大讲堂"网络课程受到员工的普遍欢迎。"大讲堂"主要是由腾讯内部专业人员介绍和讲解某些产品和技术，这些内容将以课件的形式上传到 Q-Learning 平台，加速知识的快速分享和传播。

另外，腾讯还会在 Q-Learning 上搭建知识结构性管理平台、业务系统频道等内容，鼓励和激发员工自主开发课件、分享成功经验，等等，在整个公司中营造学习型组织氛围。

能量辐射

从保安到 IT 精英，中国企业中不乏振奋人心的励志故事。微博上有消息称，腾讯北京分公司 20 楼前台一名保安经过层层面试被腾讯研究院录取。腾讯公司证实了该消息，公司董事会主席兼首席执行官马化腾也通过微博称其故事很励志。

这位保安名叫段小磊（英文名 Dream），现已成为腾讯研究院的外聘员工，负责数据整理等基础工作。这个故事通过微博迅速传播开来，很快被腾讯 CEO 马化腾看到并转发，两个小时内被转发 20000 多条，段小磊也被誉为"2012 最励志保安"。

据腾讯透露，段小磊只有 24 岁，毕业于洛阳师范学院，拥有计算机和工商管理的双学位。他带着 IT 职业经理人的梦想来到北京，几经碰壁后，他决定从事上手很快的保安工作。

"保安是服务性质的工作，别人上班第一个看到的就是你，我觉得可以做得让大家更满意。做好手头的工作很重要，这样才能让人信任你。"段小磊说。功夫不负有心人，腾讯员工渐渐将段小磊当成了朋友，有时发现他在看计算机方面的书，还会耐心为其解答一些专业问题。

2012 年 2 月，就在这一层楼工作的腾讯研究院负责人 Hidi（化名）急需一批外聘员工，她早就知道段小磊在看计算机的书，就半开玩笑地问他："你要不要来帮我们做数据标注的外包工作？"这是一份基础性的工作，主要要求是熟练操作电脑，并对数据敏感。令 Hidi 意外的是，几天后的一个下午，段小磊找到她说已经正式辞职，可以来帮她做数据标注工作了。经过面试，段小磊顺利成为腾讯的外聘员工，负责一些数据整理和数据运营工作。

"我告诉他，你先做一些基础工作，在腾讯的学习氛围下好好积累，将来也许可以做一个好的产品经理。"Hidi 知道，段小磊的梦想是成为乔布斯那样的终极产品经理。腾讯人力资源部相关人士则表示："腾讯向来本着公平、公正的用人原则，给予优秀人才最大的发展空间。而且英雄莫问出处，腾讯的人才来源非常多元化。"

　　"腾讯给了我真正接触互联网、加入一个团队不断学习和成长的机会。这里不会因为我曾经是保安而排斥我，反而认可我的努力和工作，真正把我当作他们中的一员。"段小磊清楚地记得第一次以 IT 人的身份与大家见面时，就有一位从事语音研究的同事说想学这方面的内容尽管跟他说，而另一些同事每天午休去健身时都会问段小磊去不去。

　　现在，段小磊已是团队里的风云人物，但他仍然对自己的工作保持着清醒的认识，他的工位上贴着各种写有工作任务和励志内容的便笺条："多和同事交流，多向前辈请教。""每天浏览行业信息不少于 30 分钟，每个月发一篇有深度的博文。"等等。

　　世上无难事，只怕有心人。有时候，决定成败的不过是心态：不要停留在"想要"，而是要积极"去做"。如果段小磊只是满足于做一个平凡的保安，每天按部就班地上下班，那么他的生活将简单平淡。正因为他没有放弃自己最初的梦想，每天都坚持学习，他才能够实现由保安到 IT 精英的转变。

第十章
凝聚人心靠什么

企业价值观会使企业和员工向着共同目标、共同方向去努力，带领着企业走向成功。

价值观决定企业影响力

> 上半年公司把价值观中的"尽责"升级为"进取"，一方面希望我们能够保持创业般的激情，优化组织结构，精简流程，提高效率，坚决杜绝官僚主义和本位思想。这是我们持续健康发展的内部关键因素，也会是我们未来取得成功的重要保证。
>
> ——摘自马化腾《用创业的激情拥抱变革》

深入透析

2011 年是中国互联网发生重大变化的一年。互联网新增用户比例大幅降低，每年数千万新增的互联网人口红利效应已经逐渐消失；互联网终端逐渐由 PC 机开始转向移动终端，这些都将互联网行业的竞争推到了一个新的起跑线上。对腾讯而言，也是机遇与挑战并存。

腾讯的价值观起初是正直、尽责、合作、创新。马化腾曾说："做人要德为先，正直是根本；尊重自己，尽责是做好工作的第一要求；一个企业只有团队优秀才能真正成就优秀的个人，只有上下团结一心，才能不断追求优秀的合作境界。"

马化腾还分别用几种动物来代表这四个价值观。第一个是长颈鹿，第二个是蚂蚁，第三个是犀牛和犀牛鸟，最后一个是鹦鹉螺。长颈鹿是正直，蚂蚁的价值观是尽责，犀牛和犀牛鸟是合作的关系，鹦鹉螺代表创新。

为什么第一条是正直呢？马化腾在招聘时定下一个标准——"人品好"，他说："我几乎是有点偏执地超级强调这一点。我们几个创始人都喜欢简单，不喜欢搞政治化，哪怕你说我不懂也好，我就是强调简单，人品第一。……在找职业经理人上我们很重视人品，就算能力再强，人品不行也不敢让他进来，这是腾讯价值观的第一条——正直。"

2011 年上半年公司把价值观中的"尽责"升级为"进取"，海燕代表进取。对于公司的价值观，腾讯的表述如下：

正直：遵守国家法律与公司制度，绝不触犯企业高压线；做人德为先，坚持公正、诚实、守信等为人处世的重要原则；用正直的力量对周围产生积极的影响。

进取：尽职尽责，高效执行；勇于承担责任，主动迎接新的任务和挑战；保持好奇心，不断学习，追求卓越。

合作：具有开放共赢心态，与合作伙伴共享行业成长；具备大局观，能够与其他团队相互配合，共同达成目标；乐于分享专业知识与工作经验，与同事共同成长。

创新：创新的目的是为用户创造价值；人人皆可创新，事事皆可创新，敢于突破，勇于尝试，不惧失败，善于总结。

能量辐射

企业价值观把所有员工紧紧地联系到了一起，是大家艰苦努力的结果，是企业生存发展的内在动力和企业行为规范制度的基础。企业价值观会使企业和员工向着共同目标、共同方向去努力，带领着企业走向成功。

价值观对员工的影响力是深远的，有不少在宝洁公司工作多年的人跳槽去民营企业，竟感觉像移民一样，可见价值观之深入人心。

企业文化是一种重要的管理手段，是一种价值观。企业文化是由其传统和风气所构成的，同时，文化意味着一个企业的价值观，这些价值观构成公司员工活力、意见和行为的模范。管理人员通过身体力行，把这些文化灌输给其员工并代代相传。

美国企业文化专家劳伦斯·米勒在《美国企业精神——未来企业经营的八大原则》一书中指出：几乎美国的每个大公司，都在发生企业文化的变化，老的企业文化在衰变，新的企业文化在产生，美国的企业具有强烈的竞争意识，这种精神可以包括在八大基本价值之中。

1. 目标原则，成功的企业必须具备有价值的目标。

2. 共识原则，企业成功与否，要看它能否聚集众人的能力。

3. 卓越原则，卓越不是指成就，而是一种精神，一种动力，一种工作伦理，培养追求卓越的精神。

4. 一体原则，全员参与，强化组织的一体感。

5. 成效原则，成效是激励的基础。

6. 实证原则，即强调科学的态度，善于运用事实、数据说话。

7. 亲密原则，即相互信任、互相尊重的团队精神。

8. 正直原则，正直就是诚实，以认真负责的态度工作。

在劳伦斯·米勒指出的八项基本价值中，正直是绝对不能妥协的一个原则，"正直"是许多跨国公司企业文化的磐石。在这方面做得最好的公司，其总体经营成果往往也能长期保持最佳纪录。腾讯就是显著例子之一。

价值观决定着一个企业的影响力，核心价值观更是至关重要。

惠普公司创始人休利特和帕卡德在 1957 年惠普公司上市之际，确立了公司的核心价值观，其主要内容是"客户第一，重视个人，争取利润"。公司围绕这种宗旨和价值观，制定出许多具体规划和实施办法，最终形成了被业界誉为"惠普之道"的惠普文化。

在惠普公司的发展历程中，惠普的制度进行了多次调整和完善，但其核心价值观从未改变过。核心价值观使惠普这个从车库里走出来的公司，发展成了一个享誉全球的大公司。

惠普公司的成功源于对惠普核心价值观的锲而不舍的坚持。惠普前总裁卡·菲奥莉娜说："惠普取得持续成功的关键，就是惠普的创造力、惠普的核心价值以及行为准则的精神。"她认为企业发展的关键因素不是技术，而是对核心价值观的坚持以及在思想指导下保持管理制度的传承性。

有位将军曾说过:"出色的部队都有'节奏',一种整体感,一种精神力量。"建立一个有灵魂的企业,和打造一支忠诚而有战斗力的军队是一样的,只有确立核心价值观,才能提供强有力的保证。

如果根植在一个企业的核心价值观,随着时间推移而变成不可动摇的天条或信念,它就成为一种核心竞争力,成为一种最不可模仿、最不可替代的能力。可见,不同价值观决定着企业和个人如何算账、如何看未来,从而决定企业未来的发展程度。

做一个让人尊敬的公司

腾讯要成为最受尊敬的互联网企业。"最受尊敬"有三个标准：

一是口碑。我坦承，有些服务做得不够好，用户功能和用户体验也把握得不够好。

二是公司实力。不是要争第一或第二，但要具备做事的实力。

三是社会责任。腾讯正在筹备一个千万元以上规模的基金会，主要面向青少年教育。

——摘自《第一财经日报》

深入透析

2006年，马化腾和腾讯的高层们专门开会讨论了这样一个问题：腾讯最终要做成一家什么样的公司？最后，会议得出的结论是："受尊敬"的公司。这家员工平均年龄20多岁，以娱乐为主的公司，自上而下都显得老成持重。而在此次会议之前，马化腾就曾多次公开谈及腾讯的愿景：成为最受尊敬的互联网企业。

很多人都曾问过马化腾，腾讯的未来怎么走？实际上，在腾讯刚刚成立时，这就是腾讯创业团队的一个共同话题。很多人都希望腾讯未来成为中国最大的互联网企业，成为市值最高的互联网企业，或者是成为收入和利润最多的互联网企业。

然而，马化腾将公司的发展愿景定位在"成为最受尊敬的互联网企业"上。谈及这个愿景，马化腾坦言："腾讯很清楚自己的责任，我们的任何经营行为都可能会影响到上亿的用户，甚至会影响到整个行业的风向。只有得到用户的尊敬和爱护，才能确保腾讯未来的健康发展。"

那腾讯如何做到最受尊敬？马化腾认为，全体员工都共同拥有、理解和执行的腾讯企业文化起到正确引领的作用。

首先，不断地承担起更多的使命和社会责任，依托自身的网络平台和资源优势，去促进社会和谐繁荣。

其次，腾讯要成为一家利用互联网技术和服务提升人们生活品质的企业，让腾讯的产品和服务像水和电一样普遍地融入人们的生活，去丰富人们的精神世界和物质世界，让人们的生活更便捷、更精彩。

再次，腾讯要成为一家一切以用户价值为依归的企业，凭借"正直、尽责、合作、创新"的价值观，时刻保持对用户需求的敏感，重视用户的体验，超水平地满足用户的期望。

在他看来，腾讯对于社会、用户的责任和价值贡献将在很长的时间内成为腾讯需要重点关注的战略问题。

腾讯是中国互联网企业中一个比较低调的公司，随着企业不断成长，在求发展过程中如何将企业的经济效益和社会效益结合起来，是马化腾关注的重点。

随着腾讯实力的强大，马化腾明显感到能力越强，担子越重，责任也越大。腾讯不是一个孤立存在的企业，它和非常多的合作伙伴、企业、社会、政府、用户息息相关。马化腾说："企业社会责任不仅仅是为股东负责，或者为投资人负责，或者为员工负责，更重要的是要为用户、社会承担起重要的责任。"

随着 2006 年马化腾启动腾讯慈善基金会以来，腾讯已有了一个很好的平台来承担企业社会责任。马化腾希望腾讯能够承担更多的社会责任，也希望带动行业和社会其他有能力去投入的企业做得更多，能够一起为中国的高速发展贡献自己的力量，最终实现社会的和谐发展。

能量辐射

阿里巴巴初期创业的时候，员工每月工资只有 500 元，每天工作 16—18 个小时，但因为共同的愿景，大家和马云一起挺了过来。

2000 年，在网络泡沫最严重的时候，马云给阿里巴巴的员工灌输他的坚定信念：我们一定会赢，我们一定会重新站起来，我们一定会取得这场战役的胜利。当时，有半年的时间大家连一分钱的工资都没有，全是信念的动力支撑着员工努力工作，也恰恰是企业的这个愿景目标挽救了阿里巴巴。

所谓愿景，是人们是渴望实现的愿望、对未来的憧憬，是毕生为之奋斗的梦想。人的生命短暂而有限，而且在自然状态下每个人都会趋于懒惰和懈怠。什么才能激发人的潜能呢？那就是诱人的目标，而且是持续不断的目标。日本"经营之神"松下幸之助就是一个善于为属下提供愿景的领导者。

在松下公司刚创业没多久时，他就为所有员工描述了一个250年的愿景。他把250年分成10个时间段，第一个时间段的25年，再分成三期：

第一个10年是致力于建设的时间。

第二个10年继续建设，并努力活动，称"活动时代"。

第三个5年，一边继续活动，一边用这些建设的设施和活动的成果为社会做贡献，称"贡献时代"。

第一个时间段以后的25年，是下一代继续努力的时代：同样要建设、活动、贡献。

以此一代一代传下去，直到第十个时间段，也就是250年以后，世间将不再是贫穷的土地，而变成一片"繁荣富庶的乐土"。

松下幸之助通过这一愿景为每个员工赋予了一个灿烂辉煌的梦想，整个公司的工作热情、积极性和工作效率都得到了极大的提高。时至今日，他的这一愿景正在一步一步地实现着。

宏伟的愿景有巨大的感召力，它可以使勇敢者更加勇敢，使人们深埋的智慧迸发出来，使梦想变成现实。管理者们设定愿景时，必须站得高、看得远、想得深，具有前瞻性。愿景是为组织有一个更好的发展作准备的。愿景要成为吸引人、感召人、鼓舞人的一个口号，还必须简单明了、形象生动，能让人记得住、摸得着，让人相信，让人感动。

用文化锁住凝聚力

腾讯文化中独具业内特色文化的很多点子，如圣诞Party、春茗和发红包等习俗在公司十多年能传承下来，都和他（Charles）密不可分。我想，我们很多同事心目中都把他当作是工作和生活中的良师益友，我也不例外。

两年前，他和我们就提前规划了培养接班人才的计划，希望让越来越多的培养成长的干部和职业经理人与创始人一起融合，承担起越来越多的管理责任，带领腾讯稳健发展，基业长青。

相信大家也看到，随着公司组织架构与时俱进不断地调整优化，越来越多德才兼备的管理和技术人才走到了管理和专业的岗位，为腾讯在行业变革中赢得了宝贵的市场先机。在人才培养规划体系方面，他做出了卓越的贡献。

对于Charles，我首先要说的是感谢。腾讯创业过程中缺少Charles不可能成功，他为公司的职能体系、价值观、文化建设和公益慈善事业的付出独一无二，可以说，Charles在腾讯完美地诠释了"首席行政官"的定义。他同时也是正直、友善、关爱和信任的同义词。作为同学和伙伴，我对 Charles 的感谢无法完全用语言来表达。

　　——摘自马化腾回复陈一丹卸任邮件《为新生代交接让道》

深入透析

腾讯员工的流动率一直保持在 10% 左右，远低于互联网行业 20%—30% 的水平。除了有竞争力的薪酬待遇，良好的发展空间和温暖的企业文化使腾讯能够网罗中国互联网领域大量优秀的人才。

何为腾讯文化？

腾讯五大创始人之一的陈一丹作为腾讯文化的缔造者，他的解读是："首先从用户的需求出发，真正感受让用户的需求可以落地；其次希望营造大家庭氛围，彼此之间不是简单的雇佣关系，而是互相关爱、共同进步，以一致的理念、价值观共同做好一件事情。"

陈一丹认为，"一切以用户价值为依归"的经营理念已深入每位腾讯人心中，是腾讯人的传家宝，也是"腾讯之道"。

"对于一家高速成长的公司，管理不到位的时候，关键是用文化来锁住那一条底线。"陈一丹说，"这也包括在处理问题时，是否能够从大局观出发来坚持正直、公正。"

陈一丹希望用大家庭的氛围来保持腾讯的凝聚力。而在惩治违法乱纪、贪污、私相授受时，陈一丹恪守最严格的红线。

腾讯还将其企业文化的一个关键词定义为"瑞雪"，以示纯净之意。在员工中，对于违背价值观的行为，就称之为"不瑞雪"。

2008 年 11 月 11 日，这一天是腾讯公司的"十周岁"生日。在这一天，腾讯公司全国各地的 5000 余名员工统一穿上义化衫，举办庆祝活动。与此同时，他们还做了一件事情，那就是参与发布《腾讯企业公民暨社会责任报告》。

在这份长达 170 页的企业社会责任报告中，腾讯将视角放在自主知识产权创新、推动互联网健康发展、创造社会价值、员工和用户关怀、社会公益事业等五个重要领域，详细记录了 10 年来腾讯面向社会、行业和用户所履行的社会责任，而且还首次向外界详细披露了腾讯在员工培养、文化建设、内部管理、信息安全保障等方面具有积极影响的企业经验。

这份报告分析并阐述了腾讯如何从一个年轻的互联网企业成长为一位优秀的"企业公民"，表达了马化腾及他的年轻同事们想要"打造具有社会责任的互联网企业"的职业理想。

这是一份长达 170 页的报告，也是一份用 10 年努力和 10 年实践、用行动和成绩完成的报告。有媒体评价认为，该报告的出炉标志着中国互联网正在从商业成熟逐步走向管理成熟。

能量辐射

文化是植根于企业内部的最根本的原动力，也是一个企业长久制胜的有力武器。其实企业文化就是在回答一个问题：你的企业凭什么凝聚人心？这是企业管理的思想底线。

大道无形，企业文化是个看不见、摸不着的东西，但企业文化的好坏直接关系到员工的忠诚度，管理者必须明确这一点。某种程度上说，你有几流的企业文化，你就有几流的追随者；你有几流的追随者，你就有几流的企业。

"星巴克"这个名字很多消费者都耳熟能详，该公司自1992年在纳斯达克成功上市以来，其销售额平均每年增长20%以上，利润平均增长率则达到30%，连锁店达到一万多家，股价攀升了22倍，收益之高超过了通用电气、百事可乐、可口可乐、微软以及IBM等大型公司。

如今，星巴克公司已成为北美地区一流的精制咖啡的零售商、烘烤商及一流品牌的拥有者，它的扩张速度让《财富》《福布斯》等世界顶级商业杂志津津乐道。

在一个没有喝咖啡传统的国度，卖咖啡的星巴克却遍地开花。朋友聊天去星巴克，亲友聚会去星巴克，商务谈判去星巴克，于是，早早地便有了那句"我不在星巴克，就在去往星巴克的路上"的具有小资情调的话。

然而，星巴克的咖啡就一定很好喝吗？答案可能是否定的。但星巴克始终吸引着人们慕名而来，并且成功地改变了无数人的饮品习惯，重塑了消费者的消费观念，更重要的是，深刻地影响了我们的文化触觉。

正如《星巴克：一切与咖啡无关》的作者、星巴克北美总裁霍华德·毕哈所说，星巴克的成功其实与咖啡无关，而在于星巴克"以人为本"的文化精髓。这一简单的理念在星巴克做得很到位。

"从本质上讲，我们都只是人。"霍华德·毕哈的这句话可谓一语道破天机。这位星巴克功勋卓著的副总裁说："没有人采购、运输、烘焙和准备咖啡，我们就不会有星巴克。星巴克的精髓在于：没有人，就不会有咖啡。"在管理星巴克时期，毕哈一手缔造并推行了星巴克"以人为本"的企业文化。

有人把星巴克形容为"一家有病毒般繁殖能力和宗教般信仰的公司，一家有灵魂的公司"。星巴克宗教般的信仰，就建立在对人与人之间关系的洞察和尊重上。

星巴克的核心文化表现在以下几个方面：

1. 可信赖的产品品质：坚持选用最好（相对于大众市场而言最好）的咖啡豆。

2. 高度的环保意识：采用更多的环保型设备和包装材料，大力倡导并严格要求节约利用能源。

3. 对员工和咖啡种植者的人文关怀：向经济欠发达国家的咖啡种植者支付优厚的采购价格并提供种植者扶植基金；为员工提供最优越的健康福利计划，并大面积推行员工持股。

4. 和谐共处的社区精神：为顾客营造温馨、自由的消费环境，鼓励店面工作人员和顾客交流，让顾客无论是独处还是小聚都能怡然自得，润物细无声地把星巴克变为顾客住宅和工作地点之外的生活中必不可少的"第三地"。

星巴克的成功之处在于它在卖咖啡的同时还能输出文化、观念。比如，星巴克会有选择地参与一些温情、励志的电影和图书的推广发行，这些也为星巴克的品牌赋予了更多的文化内涵，增加其独树一帜的文化品位。毫无疑问，星巴克之所以能风靡全球，是因为其背后有强大的品牌文化作支撑。

第十一章
致天下之治者在人才

对于企业领导来说，员工的人品就像火车的方向、路轨，而才能就像发动机。如果方向、路轨偏了，发动机的功率越大，造成的危害也就越大。

选拔人才要以德为先

《互联网周刊》：您说到要招更好的人，您对人才的要求最关键的是什么？

马化腾：对我们来说，人品很重要，我超级强调这块。这跟我们的文化有关，我们喜欢简单的，不喜欢搞政治化。包括选干部，先看人品。第二是看专业能力和配合能力、聪明度等。这是我们选拔人才的几个基本原则。

——摘自马化腾接受《互联网周刊》的采访

深入透析

马化腾直言："我面临的最大挑战就是人才奇缺，这让人很头痛。我们一直很欢迎优秀的人才加入我们，大家一起闯一番事业。"

"腾讯不会为短期目的而招聘，一旦招聘对象进入公司，就希望他能和大家一直共事。"腾讯人力资源总监奚丹说。这些要求同样适用于那些高层次的稀缺人才，腾讯不欢迎短期逐利者，无论他的专业水平多高。倘若一个人要进入腾讯，往往要经历几轮面试，不仅有分管领导，还要和团队内的成员交流业务，他们要考察新人是否能和团队和谐相处。

腾讯对员工作评估时，会邀请他的上级和他同级的同事以及他的直属下级来参与一个第三方的评估问卷的调查，然后对其中的一些问题进行跟踪和走访，以确保在文化和价值观上对所考核员工有一个相对比较客观的评价。

腾讯对高级人才综合能力的全面评估，仅一张雷达图即可呈现。比如，腾讯对高级人才有 7 个维度的纵向评估，分别是正直诚信、激情、团队管理与人才培养、全局观、前瞻变革、专业决策、关注用户体验；同时有 4 个维度的横向评估，分别是管理自己、管理工作、管理团队、管理战略 / 变革。

腾讯每年一度的 360 度能力评估，邀请被考核人的上级、平级、下级以及跨部门的合作者，从以上维度对被考评者进行 360 度的全方位评估。最终将横向 4 大维度、纵向 7 大维度的评估结果连接起来，形成考评结果雷达图。

腾讯人力资源部助理总经理陈双华介绍："比如说，对于进行考评的某一个项目，同级别的被考核人会有平均分。如果分数高于平均分，雷达图会告诉你，高出的分数在哪里，带来的好处在哪里，大家是如何评价你的；如果你的分数低于平均分，雷达图也会告诉你，低出的分数在哪里，不好的地方是什么，大家是如何评价你的。"

大企业运用的人力资源管理原理都是相通的，腾讯则执行"持续稳定地使用最简单最有效的工具"的思路，雷达图恰好满足了腾讯的需求。雷达图多维度的综合评价方法，让腾讯能够评估人才的综合能力的动态趋势；被考评人本人借助雷达图，能够清晰地了解综合能力的变动情况及好坏趋势，看到自身需要努力的方向。

能量辐射

对于企业领导来说，员工的人品就像火车的方向、路轨，而才能就像发动机。如果方向、路轨偏了，发动机的功率越大，造成的危害也就越大。每个人的潜力都是无限的，有什么样的人品，就会有什么样的工作业绩与生命质量。人品领导力才是决定企业成功的基石。

著名的管理大师德鲁克曾经说："如果领导者缺乏正直的品格，那么，无论他多么有知识、有才华、有成就，也会造成重大损失，因为他破坏了企业中最宝贵的资源——人，破坏组织的精神，破坏工作成就。"常言说"做人要直""做事之前先做人"，讲的都是一个道理，作为领导者，人品很重要。

德鲁克认为，正直的人品是领导者应具备的唯一的绝对条件，但不是每个人都可以学到的——人品作为一种内在的品质和涵养，必须通过个人的内向修炼，通过持续的自我省察和反馈改进的方式获得改善。但是，这并不妨碍领导者在管理实务中通过榜样和避免犯错误来塑造正直的品格。

无论讨论哪种类型的领导力，人品都非常重要。从某种意义上说，领导力就是人品。支撑领导力的三个要素就是：抱负、能力和诚信。如果三个要素失去平衡，出现了抱负与能力的可怕结合，就会出现个人权力高于组织愿景、把个人利益摆在整体利益前面的自私的领导者。而如果没有能力、诚信与抱负的结合，会制造出一个善良却没有实现能力的领导者。诚信与能力的结合可以促成善举，但不会开辟新的天地。只有三者平衡，才能让领导者忠于一个合乎道德的抱负，并为他人实现那个抱负。

有位经济学家提出一个公式：人品 + 质量 = 品质。这里的"质量"是指产品的性能、材料、使用期限、外观等技术指标；"品质"是指消费者对产品满足市场需要的品位、知名度、名誉等的客观评价。"人品"就是人的思想品质、职业道德、责任心等。公式告诉我们：人品决定着产品质量的品位。

无论什么产品，从生产过程到流通领域，再到消费者手中，整个过程不仅仅是人与物打交道，而首先是一种人与人的关系。产品品质说到底是人对人要讲良心、讲信誉、负责任。只有人品高尚，时刻为消费者着想，产品的品质才能提高。

从某种意义上讲，市场经济是一种人格经济。谁具有高尚的人格和道德，能够坚持正确的经营方针，始终以一流的产品和一流的服务为顾客服务，谁就会获得他们的信赖，从而获得良好的经济效益。

一些跨国公司在全球化过程中就非常重视道德建设，在选贤任能方面尤其重视人品。惠而浦就是用人重操守的成功典范，其著名的"恒久价值"观，内容包括：相互尊重、诚实正直、多元化和团结合作。惠而浦公司在招募新员工时，十分注重选拔具有诚实、正直品行的人才。

　　惠而浦认为，如果一位员工不能诚实地工作，可能他在短时间内能够带来效益，但他不可能带来长远的利益；如果一位员工不能公正地做一件工作，那么，公司的声誉就会受到损害。在惠而浦，只有为团队利益工作，而非为个人角色工作的人才会受到礼遇。

　　美国著名的福特汽车公司是以福特的名字命名的。当年福特大学毕业以后，去汽车公司应聘，和他同时去应聘的三四个人的学历都比他高，他觉得自己没什么希望了。但既然来了，也不能不去试一下，于是，他去见了董事长。一进办公室，他发现地上有一张废纸，就弯腰捡起来丢进了废纸篓，然后走到董事长的办公桌前，说："我是来应聘的福特。"董事长对他说："很好，很好，你已经被我们录用了。"福特感到意外，董事长解释说："前面3位的确学历比你高，但是他们的眼睛里只能看见大事，而看不见小事。而只能看见大事、忽略小事的人是不会成功的。"福特就这样进了这家公司。

　　惠而浦和福特的事例都清晰地向我们传达了一个信息：人品是企业搏击市场的中流砥柱。

关心员工成长，把管理聚焦于人

主持人：您觉得腾讯应该长期关注的一些热点会在哪里？

马化腾：如果从内部来看，我觉得最关注的还是人才。中国互联网的市场和前景机会非常大，但是我们看到很多的企业在这个发展过程中都有不同的表现，或者是不同的发展。

事实上，我从这么多年从业的看法来说，最关键还是人才的培养，这对一个企业未来能走多远、产品能够为用户创造多大的价值，更多都体现在对员工和骨干梯队的人才培养上。

我看到很多资金、机会，其实很多行业和企业都不缺乏，最最关键还是人才。包括很多互联网行业在国外竞争中，和欧美、韩日这样的市场相比，最大的区别就是人才。我们也看到像现在最大的一块，从收入来看最大的一块市场网络游戏，走的也是先从国外引入的方式。但是，因为我们没有人才，没有在这方面非常有经验的人才，策划的、美术的、编程的人才。当然，基础人才是有，但是没有运营的经验，这成为制约中国互联网发展最大的因素。

腾讯也看到这方面是很大的一个因素，所以我们对内对外都一直强调，人是企业发展、互联网行业发展的最根本要素。

主持人：马先生谈到了人才的重要性，能不能简单谈一下腾讯目前如何确定自己的人才战略？

马化腾：我们很注重人才梯队的培养，对腾讯的老员工我们提供更多的培养机制，建立更多的职业发展通道，但是我现在还不是很满意，对这块的要求还要更高。腾讯除了腾讯研究院之外，还有一个腾讯学院，目的就是希望能够在内部培养更多的人才。第二个方面，我们还是积极从外部引入不同行业的专业化人才。

腾讯过去从一家技术型的公司，演变成一家综合性的互联网服务商，我们还缺乏很多条"腿"。包括像网络方面、品牌方面、网络广告方面、电子商务方面、搜索方面，我们都需要引入外界更多的志同道合的专业人才，这也是我未来需要花更多时间进行关注的。

——摘自马化腾接受腾讯科技的独家专访

深入透析

目前腾讯 80% 的中层干部都是自己培养出来的。在 15 人左右的高层领导中，有 1/3 是创始人，1/3 多是自身培养出来的，少于 1/3 是空降而来的。即便是空降的高层领导，经过多年的腾讯文化熏陶也已充分融入进来。

提高公司团队的能力，招聘优秀的人才只是第一步，重要的是为他们营造一种学习的氛围。在腾讯内部，每一位新入职的员工都有一位资深员工来担任导师，并为每个人设计相应的职业培训和发展方向。

　　除了腾讯公司 CEO 这个身份，马化腾同时还是腾讯人力资源管理执行委员会负责人。从这个身份不难看出，马化腾对内部人才管理的重视，其中，对高级人才的培养和管理更是腾讯人力资源管理的重中之重。

　　腾讯人力资源部助理总经理陈双华在接受《经理人》采访时表示，马化腾作为人才管理工作的最高 BOSS，一直在思考腾讯要如何帮助高级人才持续成长。

　　面对高级人才，传统的培训方式已不再适用，刻意标新立异又不是腾讯的风格，于是一个酝酿已久的概念——"辅导年"被提了出来，得到马化腾的认同。所谓辅导年，是指各层级的领导运用人力资源团队开发的标准化工具和流程，针对下属的业绩和发展提供教练服务。先从马化腾等最高层领导开始，在总办的核心团队中推行。

　　由于效果良好，这两年从高层、中层逐层往下普及开来。人力资源部为此设计了高层论坛，并定制了辅导课，在内部网上开设了辅导专区。这些工具方法让公司创始人和高层能够为下级现身说法做辅导，从而提高了人才培养的效率。

　　2011 年之前，腾讯的管理理念有四条：关心员工成长，强化执行能力，追求高效和谐，平衡激励约束。现在的腾讯更是把管理聚焦于人，新的管理理念只有一条——关心员工成长。

能量辐射

　　杰克·韦尔奇曾经说过，越多的人参与到企业的成功中来，就越激动人心。在腾讯，这句话有另外一个版本："让每一位腾讯人与腾讯一起成就闪亮的未来。"

最初，腾讯人力资源总监奚丹成立了一个培训组，作为培养员工的基地，当培训组无法满足公司对人才的需求时，腾讯学院便成立了。"腾讯学院要根据公司的战略需求全方位发展员工，而不仅仅是培训员工。"腾讯学院常务副院长马永武这样阐释腾讯学院的使命。

腾讯学院针对基层管理干部和中层管理干部的不同成熟度，设计了不同层级的培训计划。比如对于准备提升为基层管理干部的员工，有一个"潜龙"计划；而对于那些准备从基层晋升到中层的干部，又有"飞龙"计划；中层干部又有 EMBA 计划；等等。

以"飞龙"计划为例，这些学员会接受将近 6 个月的培训，整个培训过程只有两门课程，一门是"战略规划"，另一门是"执行力"，因为这是经理人最重要的两个方面。两门课程加起来只有 5 天，而其他的时间则是在进行研讨，进行行为学习和案例分析。导师有些是来自公司的高级管理层，由他们亲自去辅导、带领学员，帮助这些"飞龙"迅速提高领导能力。

腾讯学院远期目标包括以下三个方面：第一，对员工，学院希望成为员工的知识银行，也就是说员工希望学什么样的东西，都能够在这个学院里找到。第二，对于公司的经理层来说，学院应成为一个他所需要人才的黄埔军校，为各个系统培养合格的经理人。第三，从公司层面上来看，学院应成为公司知识管理的一个平台。

优秀领导人须具备的素质和能力

在新的格局下，我们对管理干部有什么要求？很多人会揣摩，公司想要什么样的人？是不是老板个人的喜好最重要？我确实也有喜好，我讲一讲我的喜好。专业是基础要求，在这个以外，我们更加强调另外的一些特质。

第一，是不是有激情？在未来面临变革的情况下，这上升为很重要的一点。大家提到员工需要有组织来激活，那么，管理干部就要具备这种激活能力，就要充满激情。

第二，有没有大局观？在我们名下、任内的业绩是不是最重要，很多人往往是这样的心态。

第三，对你负责的产品和服务是不是有抓到底的决心？要一抓到底，了解非常通透，给大家这种感觉；还有要担当，不能说有重大事情发生了躲在后面不见人影，就泛泛地漂在上面。

——摘自马化腾在腾讯 2012 年初战略管理大会上的讲话

深入透析

陈一丹，腾讯管理制度的幕后制定者，他曾经将"双打制"作为公司培养接班人的主要政策。后来随着腾讯业务的继续壮大，陈一丹感觉到"双打制"已不足以支撑公司的高速发展，"互联网飞速变化，领导人的才华、敏感度尤为重要"。正是凭着这样的才华和敏感，他又开始着手实施了"盘点培训制"。

"腾讯希望通过'盘点培训制'对管理层进行分层考核，通过规范、严格的机制，形成阶梯效应，目的是将重要的人才放在最合适的岗位。"陈一丹说，"腾讯希望通过这样的方式培养出真正能担当大任的领导者。比如，张小龙领导的微信就很好地把握了移动互联网用户的需求。"

在腾讯的历史上，从来没有过"网络营销服务与企业品牌执行副总裁"的职位，刘胜义是第一个。在加入腾讯之前，刘胜义已经在广告业打拼17年，曾供职于多家世界级的广告公司，作为一名在传统营销领域工作多年的马来西亚籍职业经理人，刘胜义当初为何会选择腾讯？

刘胜义告诉《互联网周刊》："腾讯是一家受尊重的公司，其务实和创新精神，是我所敬佩的。而我希望自己对于广告营销的了解和所拥有的品牌建设经验，能够帮助腾讯实现又一个辉煌。"

互联网营销毕竟还是一个没有既定规则可以遵循的新领域，每个企业、每个人都在摸索一套适合自己发展的道路，刘胜义也面临着很多挑战，每天都在发现问题、解决问题。

对于刘胜义而言，最大的压力是时间，还有人才。掌管着一个800多人的庞大团队，刘胜义很清楚在营销领域什么样的营销人才是最优秀的——虚心学习的精神，一颗火热、充满激情的心和永不止息的魄力。而这三点，在刘胜义身上都得到了最好的印证。

刘胜义帮助腾讯建立了一套能够博取广告界认可的"方法论"——"腾讯智慧"。2006年，腾讯公司以每月递增100%的广告增长率，彰显着品牌的力量。从营销方面的成绩来看，刘胜义帮助腾讯的在线广告业务取得了长足的发展与进步。

能量辐射

陈一丹，刘胜义……这些腾讯的管理人员，他们凭借自己的素质和能力，帮助腾讯实现了一个又一个的进步和辉煌。那么他们成功的秘诀究竟在那里？优秀的企业领导人需要具备什么样的素质和能力？具体来说，企业管理人员应具备七大素质：

1. 具备专业知识和业务能力，做事情专注用心。管理人员自身的专业知识、工作经验很重要，这些因素都可以通过专注和用心的态度转化为能量，从而带领员工做好工作，创造更多的价值。

2. 承担起自己的职责，能够随时保持头脑清醒。管理人员需要承担比员工更多的责任，其思考、眼光、决策等都直接影响自己的团队，清醒的头脑、清晰的思路、充分的准备是做好工作的重要因素。

3. 善于沟通，不去刻意责备员工。好的员工是培养出来的，不是指责出来的。发现问题可以通过温和的态度，就事论事地与员工谈心，做到以理服人，以德感人，让员工从内心认识到错误，并在以后的工作中改正。

4.对所有员工一视同仁，知道如何引导员工遵循自己的意愿行事。将工作和私人关系分开，营造良好的工作气氛，并且了解员工的特质，引导员工在做好本职工作的同时，实现他们的自我价值。

5.能够以身作则，要求员工做到的事，自己也要做到。作为称职的管理人员，制定的工作准则和要求，要以身作则，用自己的行动力牵引员工的行为，增强员工的内心认同感。

6.能够加强部门之间的团结合作。作为一个优秀的管理人员，要善于协调各个部门，能够增强整个团队的凝聚力和向心力，打造具有无限正能量的团队。

7.善于用人，并不断培养、培训出优秀员工。企业发展的关键靠人才，一定程度上人才不是天生的，而是培养出来的。发现积极向上、态度认真，又有一定能力的员工，可以逐步从基层培养，让其成长为企业所需要的人才。

第十二章
有效管理，再创辉煌

如果公司要成为一个有竞争力的长寿公司，就不能仅仅依靠决策者的个人判断，而需要建立一种决策优化的机制。

用兵之妙，唯乎一念

《21世纪》：您刚才提到的像游戏这样的业务，实际上它有一个很大的决策风险。像腾讯这么大的一家互联网公司，具体的决策流程是怎样的？怎么能够保证你这个决策成功概率的最大化？

马化腾：当然有了，但是也不能完全拘泥于流程，因为很多太新的东西，我们内部都没有做好准备。

其实更多是要靠沟通。因为腾讯的决策，基本上都是集体决策，不是靠一个人，我想做，不管下面理解不理解，同意不同意就这么硬推，从来不是这个风格。都是比较温和一点，大家都明白要做什么，最后一起来决定做这个事情。这样大家才有投入感、参与度，每个人都有自己的贡献。

所以说，我通常都是第一个提想法。然后可能大家平时有一个思路，有一些想法。更多的建议是从下面提建议上来的，然后我们收到这样的信息之后，大家会互相沟通一下，是不是可行。然后再一点一点地不断去沟通，大概估量一下这个成本怎样，人才的结构怎么样，有没有合适的人，大概管理层的精力够不够，这些都会去做充分考虑的。

因为如果每一件事过来，都是说看起来可行 OK，就往前做，这还不够，还要考虑到有没有其他的机会互相平衡一下。因为精力是有限的，不是说去投资就行了，还会占用管理层的日常时间，这个是我们最重要的考量。但是肯定要通过很多次的会议，内部去规范流程。

——摘自马化腾《如何从"较好"到"最好"》

深入透析

马化腾是个崇尚共享、自由精神的人，不会单纯强调"我"的价值，他知道团队的意义。

1998 年公司成立的时候，马化腾就要求自己对公司有控股权，从而可以实现在组织上的主导作用。腾讯创立的时候有 5 位创始人，被称为"五虎将"。除马化腾与张志东外，许晨晔、陈一丹分别担任首席信息官与首席行政官，另外一位创始人曾李青现已离开腾讯，进入投资领域。

创业之初，腾讯的组织结构主要分 4 块，除马化腾外，其他 4 个创始人每人单独管一块——张志东管研发；曾李青管市场和运营（主要和电信运营商合作）；陈一丹管行政、人力资源和内部审计；许晨晔则管对外的一些职能部门，比如信息部、公关部等。

马化腾虽然一股独大，但并不绝对控股，这使腾讯的创始人团队从一开始就形成了民主决策的氛围。后来，当腾讯公司发展到数千人的规模时，这种民主决策的风格被保留了下来。

如此设计，使创始人团队能在维持张力的同时保持和谐。没有人能够独断，保证了意见不合、讨论，甚至互相泼冷水的空间，但彼此多年同学，不好意思一不合就撕破脸不认人；被逼着去说服别人，就需要把问题想得更清楚，彼此定位不同，就从不同的角度来判断，保证认识全面；最后马化腾有一大股，该做决定的时候还是有一锤定音的能量。

最开始的时候，负责行政、财务的陈一丹和负责运营的曾李青在组织结构上很容易针锋相对，因此两个人经常会发生一些争端，当然这些争端对事不对人。这个时候，张志东往往会第三个发表意见。张志东学技术出身，在反对他的人看来多少有些偏执，但有一点值得肯定的是，张志东认理，当然这个理是他认为的理。也就是说，当曾李青和陈一丹争论的时候，张志东会根据他的认知进行"站队"。至于许晨晔，他是一个"好好先生"，在整个决策体系里是个平衡，很多时候他是站在多数派的那一边或者先弃权观望。最后发表意见的总是马化腾，他负责整个团队的临门一脚，或者是在 2：2 的时候出来一票定乾坤（这种情况不多）；而更多是许晨晔弃权变成 2：1 的时候，自己这一票下去变成 3：1，同样是一票定乾坤。

今天看来，马化腾最开始采取 5 人共同创业，而不是 3 人创业是多么的明智和正确。如果只是马化腾和张志东、曾李青的话，那么在遇到分歧的时候，很容易一拍而散，特别是在这三个人都有自己独特的个性的前提下。

能量辐射

诺贝尔奖得主赫伯特·西蒙认为，管理就是决策。任何一个层面上的经理人，每天都要参与、制定和执行关系到企业生死存亡的各类决策。决策是管理活动中最关键的一环，我国古代兵法上说："用兵之妙，唯乎一念。"想要把握这关键的一念，决策者必须认识决策、研究决策、整合决策、有效决策。

如果公司要成为一个有竞争力的长寿公司，就不能仅仅依靠决策者的个人判断，而需要建立一种决策优化的机制。因为一个不懂得有效决策的决策者，就不是一个卓有成效的企业家。

一个优秀的决策者，可以从一闪的灵光开辟一个崭新的市场，可以从一个绝妙的主意开创一份事业，可以从一个微妙的细节救活一个企业，可以从一次握手聚拢一批人才。决策伴随着企业家和经理人管理活动的始终，无论是在企业发展的哪一阶段，决策者都必须明确自己想要达到的目标及实现的可能，都必须审慎地认识到决策的有效性及可操作性。

德鲁克认为，决策是管理者特有的任务，需要注意以下五个方面的问题：

第一，必须明确所要解决问题的性质。有些问题属于常规问题，有些问题则是偶发问题。决策者常犯的错误在于，把常规问题当作一连串的偶发问题，或者是把一个新的常规问题当作是偶发问题。决策者必须根据情况的变化，敏锐地把握市场，真正搞清楚所面临的是什么性质的问题。

　　第二，要明确所要解决问题的"边界条件"，即决策的目标是什么，决策想达到什么样的目的，达到这个目的需要哪些基本的条件，市场的变化能不能实现这些条件，企业自身的状况能不能解决所面临的问题，等等。

　　第三，解决问题有哪些方案？这些方案需要具备什么样的条件？如果要实现自己的方案，可能遇到哪些阻力？应该做出哪些必要的妥协？要怎样沟通才能达成共识？

　　第四，有效的决策必须能够执行和操作。决策者在决策方案中应该选择对企业最有利的、最具执行力的行动方案，否则，决策将失去意义。

　　第五，在执行决策过程中，还应该重视反馈，以便印证决策的正确性和有效性。卓有成效的决策者都能弄明白所要解决问题的性质，对于更多的决策者而言，决策的目的更具有启发价值。

　　作为企业家，如果是不懂技术的非专业人士，不了解创新产品的性质和特点，就容易导致决策的混乱和无效果，这样难免会造成一幕幕巨人崛起和陨落的悲喜剧，值得决策者警惕和反思。

简化流程，让工作变简单

随着公司的发展，组织规模不断壮大，这给经营和管理都带来了严峻的挑战。互联网行业不是劳动密集型的行业，如何通过互联网小团队方式打造受欢迎的产品，如何善用资源发挥平台优势，如何创新制胜，值得大家深入思考和总结。

上半年公司把价值观中的"尽责"升级为"进取"，一方面希望我们能够保持创业般的激情，另一方面也希望能够激发组织活力，以面对行业变化和转型带来的困难与压力。我们吸取一些老牌互联网公司沉沦的教训，优化组织结构，精简流程，提高效率，坚决杜绝官僚主义和本位思想。这是我们持续健康发展的内部关键因素，也是我们未来取得成功的重要保证。

当前，公司面临着规模与人员快速增长带来的多重压力，我们需要通过流程的精简，不断优化成本结构和执行效率，以精英产业的方式，而非劳动密集型的工作方式发展公司业务；各个BU、各个业务部门和各平台必须精诚合作，联合策应。只有大家统一认识，杜绝本位

主义和山头主义，在未来通过 BU 间合作和公司平台间联
动，才能赢得互联网行业的激烈竞争。

——摘自马化腾在腾讯 2011 年中战略管理大会上的演讲

深入透析

腾讯高级副总裁张志东说，原有的组织形态，设计的模式是
一个大农庄，然后每块田我们的同事都去勤勤恳恳地开垦，整个
组织文化和组织体系是这样的一个体系。这样的体系要去适应，
也不是很容易的，这需要很用功，也会有很多组织不顺滑、不顺
畅，磕磕碰碰，中间难免有一些反复。

随着腾讯的规模达到两万人，垂直的组织层级越来越多，横
向的跨部门合作也越来越多，很多情况下，在跨团队的沟通上会
出现问题。此时，公司会越来越多地遭遇到一个来自内部的敌
人——"两万人管理魔咒"。当企业人员超过两万人时，管理的
成本就会大大提升，执行效率就会大大降低，从而需要"质变"。

其实，不必纠结这个魔咒是不是恰好在两万人时生效，需要
关注的是，几乎所有的大企业都会遇到大企业病。比如，2011 年
全球研发排行榜里，诺基亚依然位居 IT 企业前五，但是其研发
效率并不高；谷歌在两年前人员突破两万人的时候，就开始遇到
人均效益降低的情况，拉里·佩奇亲自出马，大幅压缩了公司的
产品战线、进行了组织重组后，公司才重新步入上升轨道。

对于互联网企业而言，行业环境瞬息万变，业务部门尚且无
法准确预知一两年后的变化，管理和服务部门更难以靠"清晰、

规范的流程"来固化管理。这时候，各个部门需要更紧密地合作，共同面向业务，拥有"系统性随机应变的能力"。

能量辐射

很多可以用一个流程就做完的事情，实际上却花了许多的流程去做，精力、时间、效率就这样白白地消耗掉了。其实，要想更好地提高效率，可以通过简化流程的方式，让具体的工作变得更简单。

中国最大的鞋业民营企业——奥康集团曾经有一个"撤掉中仓，再造一个奥康"的事例，这正是简化流程、提高效率的典型。

2004 年，奥康开始和意大利著名制鞋企业 CEOX 进行合作，正式迈出国际化合作的步伐。很快，CEOX 就给奥康下了一笔 30 万双皮鞋的订单，并且要求他们在两个月内交货。而按照奥康当时的生产量来说，这么短的时间内不可能按时完成。

但这是奥康和 CEOX 的第一次合作，如果不能按时交货，那么不仅仅是赔偿那么简单，更重要的是会影响到与 CEOX 以后的合作。一向崇尚"没有什么不可能的"这一思想的奥康总裁王振滔并没有退缩，而是毫不犹豫地答应了。

多年没有进过车间的王振滔重新走进车间，对生产线的每一个流程都进行了仔细研究。结果，他发现他们一直奉行的"中仓协调流程"是实现流水线作业的最大障碍，原来的流程是：裁断裁好后进入中仓，针车从中仓领出来完成后再进中仓，中仓出来再到成型……这样一个中仓卡住，整条线就卡住。多这样一个中仓环节，不仅造成了人员的浪费，而且造成了生产效率的低下。

于是，王振滔立即撤除了中仓环节，让流程变得简单起来。这样做了以后，所有流水线的产量都翻了不止一倍，原来每天只能生产600多双鞋的一条生产线，现在可以生产1400双。用王振滔自己的话来说，就是"奥康用20天的时间，再造了一个奥康"！就这样，30万双皮鞋的订单任务按时完成了。

从"大"变"小"，重塑小公司特质

　　2005 年腾讯进行组织架构调整的时候，全公司还只有 2000 多人。7 年来经过快速的发展，腾讯的人员规模已经是当年的 7 倍，很多 BU 的规模都大于 2005 年整个公司的规模，并且可预期还有更多的同事会加入。当团队规模变大后，很容易滋生出一些大企业毛病。我们到底该如何克服大企业病，打造一个世界级的互联网企业？我们需要从"大"变"小"。

　　这次调整的基本出发点是按照各个业务的属性，形成一系列更专注的事业群，减少不必要的重叠，在事业群内能充分发挥"小公司"的精神，深刻理解并快速响应用户需求，打造优秀的产品和用户平台，并为同事们提供更好的成长机会；同时，各事业群之间可以共享基础服务平台以及创造对用户有价值的整合服务，力求在"一个腾讯"的大平台下充分发挥整合优势。

　　希望大家能够通过这次调整，重塑小公司的创业特质，激发激情、快速响应，引领技术和体验的创新，打造让用户惊喜的精品。

　　最后，我特别强调的是：此次组织架构调整，是公司长期管理提升的一个组成部分，伴随着行业的快速变化和公司的持续发展，后续一定还会有小步快跑式的微调。但无论组织架构如何调整，我们还是要坚守腾讯的愿景和文化。

过去的 14 年，我们一起携手，伴随着互联网行业的发展而成长，为亿万用户打造了一站式的在线生活平台；展望未来，互联网行业的发展空间无限，我们应该有更宏大的理想，扎根中国，放眼世界。希望所有同事与我们一起，拥抱变化，拥抱未来，与合作伙伴、互联网同行一道，通过互联网服务让亿万用户的生活更美好！

——摘自马化腾致员工信《拥抱变革 迎接未来》

深入透析

"腾讯就像一个商场，花了几年时间建起来，积累了足够的人气，往后往里塞什么东西都好卖。"依靠这款中国网络业绝无仅有的"杀手级产品"，腾讯几乎可以进入互联网的任何一个领域，并获得足够量级的稳定用户群，这也就意味着更多的收入。

但是，巨大的平台黏性也造就了硬币的另一面：腾讯的管理者和员工会自觉不自觉地产生"大树底下好乘凉"的惰性。腾讯员工的创新动力不足，腾讯内部大多在抢 QQ 的入口资源。

"这其实是对营销资源的一种恶性透支。"某位腾讯员工评论道，"第一次，第二次，用户可能会打开看，但到第三、第四次，可能就会烦了。这就会影响客户的体验，进而影响 QQ 的品牌形象。"

中小企业在市场竞争中是最具有活力的经济组织，而有大公司病的公司往往因为自己规模大在战略上轻视对手，资源配置也很散乱，而且行动缓慢。从小企业做大的腾讯显然对这一点有着深刻的体会。

创新动力的丧失，让腾讯陷入了成长的烦恼，高企的股价背后随时面临增长放缓的事实，这正是马化腾重组腾讯的根本原因。

马化腾认为，当公司扩张到一定程度时，就需要从"大"变"小"，重塑小公司的创业特质，激发激情、快速响应，引领技术和体验的创新，打造让用户惊喜的精品。他说："我希望将腾讯带回到敏锐和创新的小公司状态，并深入推进开放战略。"

"大公司平台、小公司精神"是腾讯这次变阵的一个主线。2012 年腾讯员工已经有两万人，是 7 年前的 7 倍，如何保持对技术、趋势的灵敏度以及组织活力成为马化腾必须思考的问题。

能量辐射

小公司是无所不知者，与市场联系更紧密，更了解市场上犹豫不定的代价。因此，对大公司来说，小公司的创业精神和行动力是非常宝贵的。曾任 GE 公司董事长的韦尔奇也曾指出，必须在大公司的庞大身躯里，安装小公司的灵魂，应停止像大公司那样行动和思考问题，着力精简机构，着力增加灵活性，并且像小公司一样去行动。

利丰是一家大规模的公司，业务遍布全球 40 多个经济体，如何保持大企业的灵活性和弹性对利丰来说至关重要。从多年来开展国际商务贸易的经验中，利丰体会到，一个成功的企业必须像大公司一样思考，像小公司一样行动。

利丰公司的组织架构是以小规模的产品部门作为基础，并非常重视每一位部门主管发挥他们的创业精神和行动力量。在利丰公司，这些部门经理被形象地称为"小约翰·韦恩"（约翰·韦恩是一名好莱坞演员，因扮演勇敢而又富有正义感的西部牛仔，为理想及原则挺身而出为人们熟知）。之所以用这个称呼，是因为利丰公司希望部门经理不要只坐在办公室里处理文档，还要主动地外出了解市场、寻找机会。

利丰的各部门有充分的自主权，所有涉及为客户进行生产的决定，如使用哪家工厂，停止发货还是继续发货等，都由部门经理决定。这样，利丰的每一个部门都由一个"小约翰·韦恩"负责，利丰要求他们要像管理自己的公司一样来运作自己所管辖的部门。

而且，每一个"小约翰·韦恩"还有自主招聘员工的权利，根据工作性质设置不同的专门小组，如原材料采购、质量控制、运输物流、跟进订单及信息支持小组等。利丰总部则根据小部门的需要提供后勤服务，如财务资源和信息技术，以便每个"小约翰·韦恩"都可以专注于自己的业务。

从管理学的角度看，利丰这种横向综合的"小团体"组织既能够在组合、解散或更换时迅速响应市场的变化，又能够将大公司和小公司的优点结合起来，除了没有大公司趋向官僚主义的缺点之外，还具有小公司能做到专业化的长处，而且在小公司的背后又有了大公司雄厚的后勤资源。